그날을 말하다

수진 엄마 김인숙

4·16구술증언록 단원고 2학년 9반 제7권

그날을 말하다

수진 엄마 김인숙

4·16기억저장소 기획 편집
(사) 4·16세월호참사가족협의회 지원 협조

일러두기

1. 음절로 식별 가능한 소리를 들리는 대로 전사하는 것을 원칙으로 한다.

2. 의미를 파악하기 위해 추가 설명이 필요할 경우 [ ]로 표시한다.

3. 몸짓, 어조 등 비언어적 행위는 ( )로 표시한다.

4. 구술자가 말을 잇지 못해 말줄임표를 사용하는 경우 ……, …로 길고 짧음을 표시한다.

5. 비공개 영역은 〈비공개〉로 표시한다.

6. 비공개해야 하는 희생자 형제자매의 이름은 ○○, △△ 등의 도형기호로, 생존자의 이름은 A, B, C 등 알파벳 대문자로 표시한다.

7. 비공개해야 하는 제3자는 직분이나 소속, 성만 공개하고, 이름은 ××로 표시한다. 비공개해야 하는 숫자는 자릿수에 상관없이 □로 표시하며, 지명은 □□로 표시한다.

4·16기억저장소에서는 세월호 참사 5주기를 맞아 구술증언 수집 사업의 결과물 일부를 100권의 책으로 발간하게 되었습니다. 이 사업은 2015년 6월부터 다양한 학문 분야 구술 연구자들의 자발적인 참여로 진행되어 왔으며, 세월호 참사를 좀 더 정확하고 다각적으로 기록하고 기억하고자 하는 노력의 일환으로 수행되었습니다.

2014년 참사 발생 이후, 참사 피해자들의 목격담과 경험은 안타깝게도 공식적인 국가기관과 언론의 기록 속에서 철저히 소외되거나 왜곡되었습니다. 그것은 세월호 참사가 우리에게 안긴 죽음과 고통의 충격만큼이나 우리 사회의 끔찍한 비극이었습니다. 따라서 사업을 진행하면서 세월호 참사 희생자 가족, 생존자, 생존자 가족, 어민, 잠수사, 활동가, 기자 등등, 참사의 초기 과정을 직접 경험한 분들의 증언을 우선적으로 수집했습니다. 구술자는 이 사업의 취

지와 방식에 개인적으로 동의한 분 중에서 선정했으며, 참여 과정에 어떠한 금전적 보상이나 이익이 제공되지 않았습니다. 또한 구술증언 수집 사업을 진행하는 동안, 면담자는 연구자이자 참사를 겪은 공동체 시민으로서 최대한 윤리적이고자 노력했습니다.

구술자마다 매회 약 2시간씩 3회를 원칙으로 음성 녹취와 영상 촬영을 하는 방식으로 진행되었고, 증언의 일관성을 확보하기 위해 면담자는 큰 틀에서 공통 질문지를 사용했습니다. 공통 질문지의 내용은 참사와 구술자 간의 관계성에 따라 차이가 있지만, 유가족 구술의 경우 1회차 '참사 이전의 삶, 팽목항과 진도에서의 경험, 자녀에 대한 기억'을, 2회차 '참사 이후 투쟁과 공동체 활동 경험'을, 3회차 '참사 이후 개인 및 가족이 경험한 삶의 변화와 깨달음, 자녀의 현재적 의미'를 중심으로 했습니다. 이처럼 증언 내용은 참사 이전에서 시작해 참사 발생 당시의 경험과 이후의 변화 과정까지 폭넓게 수집했고, 면담자는 구술 채록 과정에서 구술자의 발화를 최대한 존중하고자 했으며, 무엇보다 각자의 특수한 경험과 다른 시각을 충실히 반영하고자 했습니다.

이 구술증언록의 발간을 위해, 채록된 음성 자료는 문서로 변환해 구술자와 함께 검토했고, 현재 시점에서 공개할 수 있는 영역과 할 수 없는 영역으로 구별했습니다. 따라서 책에 실린 내용은 모두 구술자로부터 공개를 허락받은 부분입니다. 비공개 영역은 추후 구술자의 동의를 받아 적절한 절차를 거쳐 추가로 공개될 수 있으리라 생각합니다.

이 구술증언록 100권에는 그동안 우리 사회에 왜곡되어 알려지거나 잘 알려지지 않았던, 참사 발생 직후 팽목항과 진도 혹은 바다에서의 초기 상황에 관한 중요한 증언이 포함되어 있습니다. 또한, 자녀를 잃는 잔인하고 애통한 상황을 겪으면서도 그 누구보다 강인한 정치적 주체로 성장할 수밖에 없었던 유가족의 마음과 경험을 구체적으로, 그리고 여러 각도에서 살펴볼 수 있습니다. 그 외에도, 이 구술증언록은 2014년을 전후한 한국 사회의 여러 측면을 드러내는 귀중한 자료가 되리라고 생각합니다. 무엇보다 국내외의 많은 분이 이 책을 읽어, 장차 세월호 참사의 진상 규명과 역사 서술에 기여할 수 있기를 바랍니다.

구술증언 수집 사업이 진행되고, 책으로 출간되기까지 많은 분의 도움과 지지가 있었습니다. 이 지면을 빌려 부족하나마 감사의 말씀을 전하고자 합니다.

먼저 (사)4·16세월호참사가족협의회와 4·16기억저장소에 감사를 드립니다. 이분들의 신뢰와 적극적인 협조가 없었다면, 이 사업은 처음부터 시작할 수조차 없었을 것입니다. 또한 어려운 정치 환경 속에서도 사업의 취지에 공감해 재정 지원을 결정해 준 아름다운가게와 역사문제연구소에 감사드립니다. 두 단체 덕분에, 이 사업을 4년 동안 계속해 올 수 있었습니다. 그리고 구술증언록 100권의 발간에 동의하고, 바쁜 일정에도 출판 실무를 기꺼이 맡아주신 한울엠플러스(주)에도 감사를 드립니다. 이 외에도 많은 개인과 단체가 직간접적으로 많은 도움을 주시고 격려해 주셨습니다. 여기에 모두 밝히지 못하는 것을 죄송하게 생각합니다.

　말할 필요도 없이, 가장 크고 또 가슴 아픈 감사는 구술자 한 분한 분께 드리고자 합니다. 이 책이 발간될 수 있었던 것은, 무엇보다 용기를 내어 아픔과 고통의 기억을 다시 떠올리고 장시간 진심으로 이야기를 해주신 구술자가 있었기 때문입니다. 오랜 시간 이야기를 나누며 함께 공감하기도 했지만, 그 아픔과 고통을 어떻게 가늠할 수 있을까 싶습니다. 더 큰 도움이 되지 못함을 안타까워하며, 이 구술증언록 100권의 발간이 피해자분들에게 조금이라도 위로가 될 수 있기를 기원합니다.

2019년 4월

4·16기억저장소 구술팀 책임자
서울대학교 인류학과 교수 이현정

차례

■ 3회차 ■

수진 엄마 김인숙

구술자 김인숙은 단원고 2학년 9반 고 이수진의 엄마다. 수진이는 상냥하고 신앙심이 깊은 엄마의 자랑이 되는 딸이었다. 엄마는 수진이의 흔적을 볼 때마다 눈물을 주체할 수가 없다. 엄마는 진상 규명을 위한 투쟁활동에 참여함과 동시에 다시 일에 복귀하여 새로운 일상을 만들어가기 위해 힘쓰고 있다.

김인숙의 구술 면담은 2019년 3월 21일, 25일, 모두 3회에 걸쳐 6시간 10분 동안 진행되었다. 면담자는 김익한, 촬영자는 강재성이었다.

구술자 본인의 프라이버시나 제3자의 프라이버시를 보호해야 할 부분을 제외하고는 구술자의 발화를 있는 그대로 전사했다.

1회차

2019년 3월 21일

시작 인사말

면담자   본 구술증언은 4·16 사건에 대한 참여자들의 경험과 기억을 기록으로 남김으로써 이후 진상 규명 및 역사 기술에 기여하고자 합니다. 지금부터 김인숙 씨의 증언을 시작하겠습니다. 오늘은 2019년 3월 21일이며, 장소는 안산시 단원구 교육지원청 기억교실입니다. 면담자는 김익한이며, 촬영자는 강재성입니다.

구술 참여 동기

면담자   구술 참여하시기가 좀 쉽진 않으셨을 것 같은데, 이렇게 참여해 주셔서 너무 감사드립니다. (수진 엄마 : (웃음) 네) 제일 처음에 저희는 어떤 마음으로 구술에 응해주셨는지를 여쭙습니다. 어머니는 어떤 마음이세요?

수진 엄마   처음에 9반 혜선 언니한테 전화가 왔더라고요. 그래서 "이러이러한 프로[그램]가 있는데 하겠느냐?" 그래서 망설였어요. 또 다시 끄집어내서 해야 되는 게 굉장히 힘들잖아요. 근데 언니가 그러더라고요. "이게 계속 묻혀지고, 우리에 대한 아이에 대한 기억도 잊혀지니깐 그걸 남겨야 되지 않겠느냐" 그래서 생각해 보니깐 그게 맞는 것 같더라고요. 왜냐면 똑같이 계절은 돌아오고, 똑같이 그날은 돌아오는데 기억하는 사람은 부모밖에 없어요, 이제는, 시간이 흐를수록. '남기는 것도 괜찮을 것 같다' 그렇게 해서 결정을 하게 됐죠.

면담자   감사한 마음이네요. 우리 사회는 기억하지 않으려는 사람들도 많은데, 유가족들이 나서서 이 사회에 아이들에 대한 기억을 붙잡아 놓으시려는 거죠. (수진 엄마 : 네) 오늘부터 시작해서 3차에 걸쳐서 긴 이야기를 하시게 될 텐데, 이 구술증언이 어디에 쓰였으면 하는 바람을 갖고 계십니까?

수진 엄마   (한숨을 쉬며) 글쎄요, 이게 잘 읽히지 않아요. 관심이 있는 사람이 찾아서 보지 않으면 절대 읽지도 않고 알려지지도 않거든요. 그래서 저는 학교에 놓는다는 것도, 그것도 호불호가 갈리기 때문에, 그냥 우리 안산에 우리 아이들 모아놓는 공간이 있다면 거기에 비치해서, 거기 온 사람들은 당연히 관심이 있기 때문에 오잖아요. 그때 볼 수 있었으면 좋겠어요.

면담자   어머님은 구술증언 한 것이 책으로 출간된다든지 하면 많이 읽었으면 하는 바람은 갖고 계신데, 생각보다 많이 안 읽을 것이라고 생각하고 말씀해 주신 거네요.

수진 엄마   그렇죠, 우리가 여태껏 너무 많은 걸 했어요. 그러기 때문에 거부 반응을 일으킬 수도 있어요.

면담자   너무 많은 것을 했다고 하시면 어떤 걸 말씀하시는 건가요?

수진 엄마   여러 가지 책이, 세월호에 관계된 책이 여러 가지로 나왔잖아요. 그러기 때문에 '5년이 됐다고 또 해? 그럼 10년이 되면 다른 거 하겠네' 이럴 수도 있을 것 같아요, 제 생각에는.

면담자　　배려심이 많으신 것 같아요. 당사자가 아닌 사람들이 세월호에 대해서 잊어갈 수도 있다고 생각하시는 거네요.

수진 엄마　　네, 맞아요.

면담자　　다른 사람들은 잊을 수 있는 거라고 생각하세요?

수진 엄마　　모든 사람이 기억해 달라고 하는 것은 저희의 욕심이고, 시간이 지나다 보니깐 저희는 [기억하지만 다른 사람들은 잊는 거 같아요]. 굉장히 온 세계가 알 정도로 큰일이었잖아요. 그런데 그렇지 않은 사람도 굉장히 많거든요. 소소하게 얼마나 힘들게 자식을 잃은 사람이 드러나지 않은 사람이 더 많아요. 그런데 자식 잃은 슬픔은 어떤 상황에서든 다 똑같잖아요. 우리는 너무 많이 드러났기 때문에, [우리가] 그걸 계속 드러내려고 하고, 만약에 그렇지 않고 어떤 상황에서 자식을 잃은 사람들 있잖아요, 그 사람들은 드러내지 못하고 [한다면], 그런 부분을 생각했을 때는 저는 많이 드러내지 않아도 된다고 생각하고 [있어요]. 관심 있는 사람들은 나중에도 찾아오고 기억하고 그러겠죠. 그런데 많은 사람들이 억지로 이렇게 해달라 그것은 별로 내키지 않아요.

면담자　　·세월호 참사의 아이들을 기억한다는 것은 자신의 그동안의 삶이나 사회 전체의 그동안의 잘못에 대한 어떤 성찰의 행위이기도 하거든요. (수진 엄마 : 그렇죠) 그래서 이 사회는 기억할 의무가 있다고 보는 건데, 당사자인 어머니는 세상 사람들을 편하게 해 주는 말씀을 해주시네요.

수진 엄마　　　그니깐, 4·16 참사라는 것은 드러나야 되는데, 아이들 개개인에 대한 것은 뭉뚱그려서 "4·16 참사, 그런 일이 있어서 많은 아이들이 희생당했다" 그건 되는데, 하나하나 이 아이, 이 아이 들추 는 것보다는 같이 덩어리로 봐서 하는 것은 좋다고 생각하죠.

3
근황

면담자　　　알겠습니다. 한 달 정도 있으면 5주기가 되네요. (수진 엄마 : (한숨을 내쉬며) 그죠) 최근에는 어떻게 지내고 계세요?

수진 엄마　　　모두가 그렇겠지만 이 12월이 가고 1월이 오고, 저는 특히 2월, 3월, 4월, 5월이 되게 힘들어요. (면담자 : 매년이요?) 글쎄 요…. 3월 6일 날이 우리 수진이 생일이거든요. 그리고 2월 26일 날 에 우리 아들 생일이고 3월 6일이 수진이 생일, 그리고 지나가면 4월 달이 오잖아요. 근데 이 3월에서 4월 넘어가는 시간은 1년에서 한 90프로를 차지하는 것 같아요. 그때 그 기억들은 계속 떠올려지고, 2014년 4월 16일이 되기 전 15일까지, 저녁에 있었던 일까지 계속 되짚어서 그날이 되면 똑같이 생각이 나요. 그리고 4월 16일이 되면 아이를 잃은 슬픔이 다시 오고, 5월 16일 수진이 찾을 때까지 그때 그 마음 그대로 똑같이 가고…. 5월 16일 날 수진이 장례를 했거든요, 그러면 그때 비로소 아이를 장례를 시키잖아요. 그니깐 이 시절이 제일 힘든 것 같아요. 그 기억들이 다시 계속 되살아나요. 그런데 5월 16일 수진이 장례 치르고 나서 그 이후에는 기억이 안 나는 거예요. 그리고 또다시 해가 바뀌면 1월부터는 또 수진이하고 있었던 기억이 새록새록 그 날짜들이 생각이 나고, 했던 일들이 생각이 나고…. 지금 5년 됐는데 생각해 보니깐 그게 계속 되풀이되는 것 같아요, 또 다시 또 다시.

면담자   지금 직장에 다니시고 계신데, 최근에는 어떻게 지내고 계신지를 편하게 말씀하시면 될 것 같습니다.

수진 엄마   지금은 사업팀에서 있다가 행정 회계로 와서 회계 업무하느라고 바쁘긴 한데, 3월 6일 날은 우리 직원들이 같이 수진이 생일 축하해 주러 하늘공원에도 갔다 와서, 갔다 오고 같이 점심도 먹고 케이크도 하고 그렇게 하고, 저는 직원들 덕분에 제가 잘 견디고 사는 거, 그렇게 살고 있어요. 굉장히 직원들이 저한텐 힘이 돼요.

면담자   엄청 좋은 직장을 다니고 계시네요. 어디 다니고 계신가요?

수진 엄마   네, 정말 저는, 단원구 노인복지관이라고요, 아주 좋은 직장에 있어요(웃음).

면담자   명성교회 인가 재단인 노인복지관이네요. 직원들하고 생일을 보냈다고 하니깐 참 감동이네요.

수진 엄마   네, 항상 그랬어요.

면담자	몇 분이나 계세요?

수진 엄마   이번에는 제가 조용히 하자고 해가지고 한 여섯 명, 언니들만 갔어요, 나이 먹은 언니들만 "조용히 갔다 오자" 그렇게 하고. 그런데 우리 직원들이 다 마음으로는 함께, 저한테 네이트로 이렇게 "잘 갔다 와라" 이렇게 해주고…, 우리 직원들은 정말 고마워요.

면담자   아버님은 어떠세요?

수진 엄마   지금 남편은 계속 놀고 있다가 (웃으며) 작년 9월, 8월부터 뭘 한다고 해가지고, 당구장 해요, 지금(웃음). 그걸 해보겠다고 해서 하고 있는데 또 그 공간에 아빠들이 와요, 우리 9반 아빠들와서 거기에서 얘기하고 그런 공간이니깐 좋은 면도 있고. 남편은 글쎄요, 슬픔을 잘 드러내지 않아요, 아빠들은.

면담자   당구장을 어디서 하세요?

수진 엄마   저기 신도시요. '풍림아파트' 있는 데 그쪽에서 해요.

면담자   풍림아파트라면 무슨 구죠?

수진 엄마   단원구, 예, 그쪽에서 해요.

면담자   신도시면 초지인가요? 초지동 쪽에 있는 데서 당구장을 새로 차리셨어요?

수진 엄마   예, 누가 하던 거, 귀가 얇아 가지고 턱없이 이상한 곳에 해가지고, 지금 하고 있어요, 지금. 잘하고 있어요.

〈비공개〉

면담자   그동안 책상에 앉아서만 일하시다가 당구장 같은 거 하면 저는 나쁘지 않을 거 같아요.

수진 엄마   못해요, 남편이 힘들어 가지고. (면담자 : 잘 안 되시는구나) 왜냐면 그랬잖아요, 우리 남편은 굉장히 선비예요. 진짜 선비예요, 우리 남편은 그야말로 선비예요. 〈비공개〉

면담자   운영하신 지 얼마나 되셨어요?

수진 엄마   한 5개월 넘었나? 6개월. 지금 남편이 잘하고, 깍듯이 잘하고 하니깐 단골이 많이 생기고, 저희는 가도 항상 옷차림부터 정장으로 항상 깔끔하게 하거든요. 남편도 항상 매무새를 깔끔히 하고 그러니깐 지금은 괜찮은데, 본인은 모르겠어요(웃음).

면담자   유가족들도 꽤 오서요?

수진 엄마   유가족들은 우리 9반 아빠들만 와요.

면담자   9반 아빠들이 자주 오시는구나?

수진 엄마   예. 와서 자기들끼리 얘기도 나누고, 게임도 하고 그렇죠. (면담자 : 어머니도 당구 배워보시죠) (웃으며) 조금 쳐요(웃음).

면담자   아버님의 사업이 그동안 경험하지 못한 색다른 인생을 아버님께 선사했으면 하는 마음이 드네요(웃음).

수진 엄마   맞아요, 네.

4
생애사

면담자　　　본격적인 어머니의 생애사에 대해 듣고 싶습니다, 안산에는 언제 이주해 오셨어요?

수진 엄마　　　[19]96년에 왔어요. 저희가 광주에서 살다가 수진이를 낳고 한 달, 3월 6일 날 낳았는데 3월 말 정도에 왔어요. 남편이 여기 취업이 된 거예요. 여기에 취업이 돼서 이쪽에 와가지고, 96년도에 왔어요.

면담자　　　그러면 어머님, 아버님은 다 광주 분들이고 학교도 다 광주에서 나오셨다면, 5·18에 대한 생각이 어떠셨나요?

수진 엄마　　　5·18, 맞아요. 저희는 남편이 되게 집이 잘살았어요. 광주 서동에 구동체육관[이라고] 있는데, 서동에 굉장히 유지로 아버지가 굉장히 유지셨거든요. 근데 그때 누나들이 조[선]대생이었어요, 조[선]대. 그래서 그때 5·18 있어 가지고 아버지가, 누나가 엄마랑 보따리를 옷을 넣어서 임신했다고 이렇게 해서 데리고 가서 오고 그런 일이 있었고. ⟨비공개⟩

면담자　　　4·16 참사 난 이후에 유가족들이 위안을 받았던 것 중 하나가, 광주 5·18 엄마들이나 광주 시민상주 모임이 시작이 된 거였어요. 광주가 세월호에 남다른 의미가 있다고 그러는데, 광주 출신으로서 왜 그런다고 보세요?

수진 엄마　　　글쎄요. 일단은 아픔을 같이, 자식을 잃은 아픔이 있고, 그리고 국가 때문에 다 이런 일이 당했잖아요. 그래서 그러지 않을까요? 거기는 어떤 한 사람의 권력 때문에 그런 일이 어처구니없게 당했지만, 우리 세월호는 여태껏 쌓아져 왔던 우리 사회의 아주 전체적인 문제가 터뜨려진 거잖아요. 그래서 5·18이 조금 작은 거라면 이건 더 큰 거, 그래서 더 일맥상통하지 않을까 [싶어요].

면담자 어머니는 어릴 때, 초중등학교 시절 정도까지 어떤 분이셨어요?

수진 엄마 저는 굉장히 곱게 자랐다고 할까요. 그리고 자랑 같지만, 학교에서도 굉장히 모범생이었고, 남학생들한테도 인기 많았고, 항상 책을 가까이하고 순탄하게 잘 지냈어요. 항상 어디 가면 칭찬받고, 그냥 그렇게 지냈어요(웃음). 잘 지냈어요, 아주 조신하게.

면담자 문학소녀셨고, 모범생이셨으면 여러 가지 습작도 쓰셨겠네요.

수진 엄마 네, 그랬죠. 시 좋아하고 그니간 거짓말로 글짓기를 잘했죠, 그 당시엔. 글쓰기가 아니라(웃음).

면담자 아버님하고는 어떻게 만나셨어요?

수진 엄마 남편은 같은 직장, 같은 직장은 아닌데 그 건물 안에서 만났어요. 건물 안에서 제가 먼저 취직을 했었는데 새로운 사람이 왔더라고요. 근데 얼굴도 하얘 가지고 무슨, 밥도 못 먹은 사람처럼 그랬는데, 같이 건물 안에서 "안녕하세요?" 인사하고, 구내식당 같은데 같이 밥 먹잖아요. 그렇게 밥 먹다 보면 인사하고, 그럼 "우리 끝

25
·
1회차

나고 뭐 같이, 우리 팀하고 같이 식사해요" 그렇게 하다가 됐어요, 그 냥(웃음). (면담자 : 서로 좋아하셨구나) 남편이 좋아했겠죠(웃음).

면담자   신혼살림은 광주에서 차리셨겠네요?

수진 엄마   그때는 시아버지도 모시고 같이 [안산으로 왔어요], 아 버님도 모시고, 제가. 누나가 여섯에 남편이 아들 하나였는데, 어머 님이 갑자기 심장마비로, 몸이 안 좋으셨는데 돌아가셔서 결혼을 하 고 아버님을 모시고 같이 올라왔죠. 누나들이랑 다 안산에, 안산하 고 서울에서 자리 잡았었어요. 그래서 '기왕이면 외롭게 있는 것보다 이렇게 아버지도 딸들 옆에 있는 게 더 낫지 않을까?' 해서 그렇게.

면담자   누나들이 안산에 먼저 정착을 하셨군요. 식구들이 안 산 쪽에서 사업이나 이런 걸 하셨던 건가요?

수진 엄마   고모부들이, 고모부들도 다 안산에서 조금⋯. 〈비공개〉

면담자   어머니는 신혼 초기에는 일을 하셨나요? (수진 엄마 : 전업주부로) 육아 위주로 하시다가 어느 시점에 어머니도 직장을 찾 아서 나가기 시작하셨겠네요.

수진 엄마   네. 아이 키우는 게 가장 큰일이라고 생각해서 아이만 키우다가, 이 기관에 회계 팀에 출산 대체로 9개월 동안 [자리가] 나 온 거예요.

면담자   그게 대충 몇 연도쯤인가요?

수진 엄마   12년도에, 2012년. 그래서 9개월 계약직으로 제가 들 어갔죠, 회계 팀에. 그래서 회계를 보고, 13년도에는 다른 데에 다니다가 14년도에 다시 복지관으로 들어가게 돼서 그때부터 계속 다니게 된 거죠.

면담자 어머니는 큰 문제없이 잘 살아오신 거네요?

수진 엄마 정말 없었어요.

면담자 큰 어려움 없이 살아오신 인생이셨는데, 갑자기 4·16 참사를 맞게 된 거네요.

수진 엄마 그죠, 맞아요.

5
4·16 이전 일상생활

면담자 저희가 참사 나기 전 일상생활이 어땠는지를 여쭤보려고 하는데요, 매일 아침에 눈 떠서 주무실 때까지 일상이 어땠는지, 또 주말에는 어떤 생활을 하셨는지 말씀해 주세요.

수진 엄마 저희가 안산에 오면서부터, 저희 큰고모부하고 형님이 목사님이세요, 필리핀 선교사로 나가 계셔가지고. 그때 안산 오면서부터 저희가 교회를, 수진이 낳고 애기 때부터 교회를 다니기 시작했거든요, 그래서 계속 교회를 다니다 보니깐 교회에는 항상 갔었고. 아빠가 그 일[직장에서 파면]을 당하고, 아빠가 힘들 때 "우리는 기댈 데는 하나님밖에 없다" [하고] 수요일, 금요일 계속 교회 다니면서 하고 은혜를 좀 받았어요. 그리고 일요일마다 우리 가족들이 가족예배를 드렸거든요. 아빠가 기타를 치면 수진이, ○○이, △△이 이렇게 앉아서, 그게 생각나요. 그런데 노래 찬양하다 보면 서로 목소리가 나니깐 수진이가 "킥킥킥" 웃으면 ○○이도 "킥킥킥" 웃고 저도 "킥킥킥" 웃고, 그래서 예배가 안 될 정도로 서로 웃다가, 아빠가 "예배드릴 땐 정중하게 해야 된다" 그러면서 예배드리고, 참 아빠가 힘든 와중에서도 저휜 되게 그래도 가족밖에 없다는 생각으로 행복하게 지냈었고, 특히 수진이가 속이 굉장히 깊었어요.

그래서 말은 안 해도 아빠 회사 복직에 대한 거, 그거에 대해 굉장히 기도를 많이 했었어요. 그리고 또 생각나는 게 뭐가 있냐면 교회에 오후에 예배를 드리면 남전도회, 여전도회 해서 헌신예배 드리잖아요. 아빠가 기타를 치면서 남전도회 회원들이 찬양을 하는데 수진이가 엄청 우는 거예요, 그 모습을 보고, 아빠가 그렇게 하는. 그래서 애도 울고, 저도 울고 그랬던 게 기억이 나요. 그때가 별로 안 됐어요. 수진이 고1 때 그때쯤이었나 봐요, 그렇게 하고. (면담자 : 아빠가 기타치고, 찬양하는데 왜 울어요?) 그러니까요. 얘가 너무 울더라고요. 수진인 정이 되게 많아요. 저하고 조금 닮은 부분이 되게 많아요. 굉장히 결이 곱다고 해야 되나? 굉장히 결이 고와요, 아이가. 그니깐 아빠의 그 모습이 너무 감동적이었던가 봐요.

면담자   아빠를 너무 사랑했구나. (수진 엄마 : 그러니깐) 아빠가 종교적인 특별한 행위를 하고 있는 건데, 그런 아빠의 모습이 너무나 존경스럽고, 이게 사랑스럽기도 하고, 해서 감동을 받고, (수진 엄마 : 맞아요, 그랬나 봐요) 그게 눈물로 표현된 거로 저는 느낌이 오는데, 어떠세요? 어머니도 같은 느낌이셨어요? 어머니도 우셨나요?

수진 엄마　　　　저도 그랬죠, 저도 그랬죠. (면담자 : 남편바보시네요) (웃으며) 그래도 [회사에서 좀 좋지 않은 일이 있어 가지고 이렇게 굉장히 힘든데…. 저희 남편은 회사 있으면서도 너무 바르고 잘했기 때문에 지금도 굉장히 관계가 좋아요, 안산에 이런 사람들하고도. 그런 사람이었는데 그렇게 힘든 일을 당해서 좌절하고 그럴 줄 알았는데, 그래도 교회를 나와서 그렇게 [애] 아빠가 한다는 거예요. 얼마나 감동적이에요. 그래서 아마 그랬을 거예요, 아빠가 저는. 저희 남편이 지금도 정말 힘들었을 때 제가 편지를 써준 게 있더라고요. 그걸 지갑에 가지고 다니면서 너덜너덜해졌어요, 진짜로. 그래서 제가 그때 남편을 위로한다고, 왜냐면 남편이 다른 생각을 할까 봐서 제가 편지를 써줬는데, 저는 이렇게 항상 글 쓰고 하는 걸 좋아하다 보니깐 (웃으며) 써서 줬는데 그걸 지갑에 넣어가지고 가지고 다녀가지고, 언젠가 누나들, 매형들, 가족들 다 모였는데 그걸 딱 보이면서 자랑을 하더라고요. "자기 힘들 때 수진이 엄마가 이래서 나는 그 힘으로 산다" 그렇게 그러더라고요. 근데 저는 남편이 혹시 잘못될까 봐서, 저는. 〈비공개〉

면담자　　　　그렇게 마음 따뜻했던 수진이를 잃은 아빠는 정말 충격이 크셨을 것 같아요. (수진 엄마 : 그랬죠) 초기에 수진 아빠가 적극적으로 활동을 하셨던 걸로 알고 있습니다. (수진 엄마 : 응, 맞아요) 수진이 잃은 것에 대한 상실감뿐만이 아니고, 억울함 같은 게 너무 컸을 것 같아요.

수진 엄마　　　　그럼요. '우리 가족은 같이 가야 된다'[는] 거기에 다른 거 보지 않고 앞만 보고 간 거죠. '우리 가족은 무조건 [같이] 가야 된다, 억울하기 때문에', 그래서 그런 거죠. 그래서 아빠들이 거의, 우리 남편도 그랬겠지만 슬픔을 사람들 앞에서 거의 드러내지 않았어요. 엄마들은 많이 드러냈는데, 남편도 드러낸 걸 제가 안 본 것 같아요.

면담자   슬퍼하기보다는 투쟁에 힘쓰신 거네요.

수진 엄마   물론 아빠들끼리는 담배 태우면서 그랬…, 남편도 담배 끊었는데 담배를 그때 다시 태웠어요 끊었다가, 당시에 수진이 잃고 나서 그때 태웠어요, 또.

면담자   주말에 주로 교회에 나가시니깐 놀러 다니지는 못 하셨겠어요?

수진 엄마   그런데 저희는 아이들 데리고 캠핑이라든가 어릴 때 되게 많이 갔어요, 금요일 날 저녁에 떠나서 이렇게. 진짜 저희들 아이들 데리고 캠핑 이런 거 잘 갔어요.

면담자   그때는 교회를 안 나가셨구나. (수진 엄마 : 교회 갔는데도) 교회 빼먹고요?

수진 엄마   이제 토요일 날 저녁에 오죠. 저녁에 오거나 부득이할 때에는 예배를 (웃으며) 빠지고, 그렇게 되게 많이 돌아다녔어요, 아이 데리고.

면담자   수진 아빠가 계획을 많이 잡았나요?

수진 엄마   아니요, 제가 많이 잡았죠. (면담자 : 어떻게요?) "뭐 어디 가자"고. 그리고 제가 직원들이든 수진이 아빠 친구들이든 와서 같이 밥 먹고 하는 걸 되게 좋아했[어요]. 대접하는 걸 되게 좋아했어요, 집에서 제가 밥해서. 그래서 사람들이 되게 많이 왔어요. 저희 집에는 [손님들이] 항상 들끓었어요. 항상 주말에는 누가 놀러 오고 그럼 같이 먹고 놀러 가고, 되게 그런 관계를 잘했었거든요. 그래서 제가 남편은 피곤하다고 안 가면 제가 가자고 해서 같이 가고…. 남편 같은 경우에는, 거의 아이들은 제가 키웠어요, 남편은 거의 자기 생활이 철두철미해서 사무실 일 끝나면 집에 왔다가 집 청소 한 번 해주고, 또 깔끔해서 바깥 청소 한 번 해주고 운동을 항상 했어요. 운동 갔다가 운동 끝나고 나서 그 외의 사람들 만나고, 그렇게 하고 그래도 가족들하고 이렇게 가고 하는 거는 잘 가고 그랬었어요, 저희는.

6
4·16 이전 정치관

면담자   정치적으로는 어떤 입장이셨어요?

수진 엄마   정치는 (웃으며) 저희는 광주잖아요.

면담자   광주하고 정치하고 무슨 상관이죠?(웃음)

수진 엄마   네(웃음). 저희는 민주당이 잘하든 못하든, 무조건 그 랬어요.

면담자   노무현 대통령 이후로 계속 선거에 졌잖아요.

수진 엄마   그랬죠. 그래서 거의 TV는, 뉴스는 생활, 사회 이런 것만 보고…. 정치는 그 당시에는 국회라든가 이런 사람들이 올바르게 하지 않고 굉장히 자기 멋대로 한 사람들이 많았잖아요. 그래서 남의 일처럼 관심은 두지 않고 '내 생활만 열심히 하면 되고, 그 사람들은 그 사람들 일만 하면 된다'[고 생각했어요]. 물론 포괄적으로 생각하면 우리의 일이, 그 사람들이 일을 잘, 그 사람들 일을 잘해야지 우리한테 혜택이 오는 건데, 그때부터는 거의 관심을 갖지 않고, 공약도 지키지 않고, 일단 당이 달랐기 때문에 (웃으며) 신임하지 않았던 거죠. 우리는 욕만 엄청 하고….

면담자   그래도 투표는 열심히 하셨겠네요?

수진 엄마   그럼요. 선거는 꼭 했죠, 그런 것은 또.

면담자   박근혜가 대통령이 됐을 때 참 답답하셨겠어요, 그때 실제로 수진 아빠도 회사에서 힘든 일을 당한 상태였고. 박근혜 정권이 됐으니 광주에서 올라오신 두 부부가 얼마나 속이 상했을까 싶긴 하네요.

면담자   그럼요, 정말 그때는 뭐라고 해야 될까…. 그리고 박근혜를 우리가 수첩공주라고 했잖아요. 말도 못 하고, 그러니깐 허수아비라는 걸 저흰 알았어요. 허수아비, 여장부가 아니라. '어쩔 수 없이 박근혜를 내세워서 뒤에서 누군가 조종을 하고 있다' 다 그렇게 알고 있지 않았을까요. 자기가 할 수 있는 것은 아무것도 [없고],

그전에도 그랬었잖아요, 수첩공주. 우리 토론할 때도 보면 말을 못 했잖아요, 항상 자기주장이 없고. (면담자 : 조종을 하고 있는 실체를 나중에 아시게 된 거네요?) 그랬죠.

7
수진이의 성장기

면담자　　　수진이 얘기로 돌아가겠습니다. 수진이는 광주 태생인데 갓난쟁이 때 안산으로 올라온 거네요? 수진이는 다른 곳에 맡기셨나요, 아니면 계속 어머니가 데리고 키우셨나요?

수진 엄마　　　수진이를, 저는 거의 아이들을 제가 6살까지 데리고 있었어요. 6살, 7살 때만 [어린이집에] 보냈어요. 제가 집에서 홈 케어를 했어요, [잘]하지도 못하는데. 근데 수진이가 어릴 때도 말이 없었어요, 말이 없고 까칠하고, 아이가. 어릴 땐 얼굴도, 얼굴이 하얘서 빼빼 말랐었거든요, 성격이 [까칠하고]. 그리고 큰애다 보니깐 그 밑에 동생한테, 동생들한테 신경이 많이 쓰이니깐 아무래도 굉장히 날카롭고 그랬었죠. 말이 없었어요.

면담자　　　초등학교 다닐 때 수진이는 어떤 아이였어요?

수진 엄마　　　초등학교 때도 선생님들이 수진이 용모를 보고는 예뻐했어요. 그래서 고잔초[등학교] 가면 그 "바른 아이"[라고] 해서, 사진을 수진이를 찍어서 수진이가 이렇게 서서 발표하는 모습[을] 복도에 걸어놓고 [했어요]. 그 정도로 예쁘장하고 용모도 단정하고 하니까 그렇게 했고, 1학년, 2학년 때까지는 그다지 드러나지 않았는데, 한 4학년 때부터 아이가 친구를 사귀고, 그때 보미 있죠? 그때부터 보미랑 친하게 된 거예요. 보미도 우리 집에 자주 오고, 4학년, 5학년, 6학년 때는 굉장히 활발히 활동을 하면서 친구들을 우리 집에, 제가, [친구들은] 엄마가 거의 다 직장생활 하는데 저만 집에 있으니깐 오면 제가 뭐 만들어주고 살갑게 해주고 그러다 보니깐 친구들 되게 많이 데리고 왔어요. 인기도 많았고, 수진이가.

면담자   보미랑은 초등학교 때부터 절친이었군요?

수진 엄마   네, 그래서 어쩔 땐 보미 엄마 가게 가서 "보미 엄마가 뭐 맛있는 거 사줬다" 그러기도 하고…. 또 생각나는 게, 수진이는 제가[게] 첫애[이]기 때문에 굉장히 공을 많이 들였어요. 공부도 많이 시키려고 하고, 학원도 많이 보내고, 과외도 많이 시키고 했는데 땡땡이도 많이 쳤어요, 친구들하고 논다고.

면담자   수진이가 커 가면서 많이 활발해졌네요.

수진 엄마   많이 변했어요, 네, 많이 변했어요. 그러니깐 어릴 때 수진이를 봤던 사람들은 놀라요. "수진이가 이렇게 말이 많은 아이였고 이렇게 웃음이 많은 아이였나" 하고.

면담자   그렇게 변하게 된 계기가 뭘까요?

수진 엄마   그러게요. 어릴 때는 말 안 해서, 유치원 때는 저희 집 옆에 유치원을 보냈는데, 선생님이 한 날은 전화가 와서 어떤 남자 아이가 그랬대요. 풍물 수업 시간인데, 풍물 수업 시간 선생님한테

"우리 반에 벙어리가 있다"고 그랬대요(웃음). 그래서 "친구한테 그런 얘기하면 안 돼" [하고는], 여차저차 해가지고 알아봤더니 수진이가 말을 하도 안 하고 새초롬하게 했으니깐 "벙어리"라고 남자 친구가 그랬대요. 그래서 선생님이 저한테 "어머니, 이런 일이 있으니까 속상해하지 마세요" [하고] 전화[가] 왔더라고요. 저는 아는 사실이니까, "그랬냐"고 [했죠]. 수진이가 지저분하고 지한테 안 맞고 하면 말을 안 했거든요, 어릴 때도. 너무 아빠처럼 영수증도 있으면 각이 딱 맞아야 돼요. 접을 때도 그러니깐, 그런 데 가서 적응 못하고 이런저런 아이들 보니깐 이제 맘에 안 드니깐 말을 안 했겠죠.

면담자   동생들하고는 잘 지냈어요?

수진 엄마   네, 속이 깊었어요, 수진이가.

면담자   구체적으로 예를 들자면 어떤 걸까요.

수진 엄마   (한숨을 내쉬며) 수진이가 동생이 아들이잖아요. 그럼 엄마가 조금 일정이 있어서 늦거나 교회 수요예배 갔다가 늦거나 하면 동생을 지가 다 씻겨주고 옷까지 다 입혀주고. 근데 둘째는 그런 것도 모르잖아요. 그런데 다 해주고 그런 거 보면 엄마 역할도 하고 속이 깊었어요, 그런 거 보면. 그리고 지금 수진이 일기장이 되게 많아요. 수진이…, 지금은 못 봐요, 제가 그 일기장을. 근데 생각이 참 많았더라고요. 엄마가 동생만 조금 예뻐하고 그런 거에 대해서도, 그런 것에 대해서 생각이 많았더라고요. 근데 엄마한테 표현은 안 하고….

면담자   중학교는 어디로 갔어요?

수진 엄마   단원중학교 갔어요. 단원중학교 가서도 친구들을 되게 많이 사귀었었어요. 아무튼 수진이가 친구들을 많이 데려왔어요, 집에. 그리고 중학교 때도, 제가 그때부터 학교 활동을 시작을 했거든요. 수진이 중학교, 고등학교 운영위원회라든가 이런 활동하면서 굉장히 수진이한테 공을 많이 들였죠.

면담자   중학교 때 학교 운영위원회 하시면 치맛바람이라고 오해받을 수도 있는데 그러진 않으셨나요?

수진 엄마   그런데 그 선생님께서 "집에 엄마 있는 사람들 손을 들라"고 했나 봐요(웃음). 그래서 수진이가 손을 들었나 봐요. 그래서 전화가 온 거예요. 저는 그런 거 안 하고 싶었거든요, 별로 말이 좋지 않기 때문에. 그래서 선생님 전화 와가지고 선생님[이] 사정하시니깐 하게 된 거예요(웃음). 근데 잘…….

면담자   고등학교 때도 그러면 운영위원을 하셨어요?

수진 엄마   운영위원은 안 하고, 아, 했네, 감사[를 했네]. 학년 대표 이렇게 해가지고, 1학년은 8반이었는데 8반 대표를 했거든요. 그래서 감사 활동 하고, 그런 거 하고 그랬죠. 2학년 때는 [학교에] 갔는데 그때 아라 아빠하고 혜선이 엄마하고 몇 명 왔더라고요. 근데 제가 직장에 다니기 때문에, 너무 1학년 때 정말 바빴고 힘들었거든요, 학교 일 하느라고. 그래서 "제가 다른 것은 다 해줄 테니깐 이번에 반 대표를 안 하겠다"고 해서 다른 사람이 하게 되고 그랬죠, 2학년 때는.

면담자   고등학교 때 수진이는 어땠어요?

수진 엄마   수진이가, 남들이 수진이가 피부가 진짜 뽀얗고 하얘서 예뻤어요. 그래서 선생님들도 수진이 항상 보면 "넌 어쩜 이렇게 피부가 예쁘냐?"[라고 하셨고], 그리고 잘 웃었어요, 그래서 선생님들 학교 가면 칭찬을, "어, 수진이 엄마세요?" 하고 [그랬어요]. 제가 학교를 가면 수진이가 꼭 저를 데리고 교무실을 가요. 교무실 가서 "선생님, 저희 엄마예요" 그러면 인사시키고 그렇게 까르르르 웃고, 그리고 다른 반에도 데리고 가서 "우리 엄마야" 이렇게 소개시키고 그랬었어요. 그래서 수진이가 특별히 외모에 관심은, 아, 쌍꺼풀이 없었거든요, 그래서 쌍꺼풀 붙이고 다니는 거. 그리고 제가 "고등학교 졸업하면 쌍꺼풀 수술 해주겠다" 이렇게 하고…. 특별히 요란하게 화장을 하고 다니거나 그러진 않았어요. 나름 수수하긴 했어요. 과하게 그렇게 향수를 뿌리거나 진한 화장을 하거나 그러진 않고 수수하게 하고 다녔어요. 근데 우리 수진이는 진짜 예뻤어요.

면담자   수진이는 뭘 좋아했어요? 제일 좋아했던 건 뭔가요?

수진 엄마   수진이, 뭘 좋아했지? 엄마를 제일 좋아했죠. (면담자 : 좋아하는 취미가 있었나요?) 수진이가… 뭘 좋아했지? 꽃도 좋아했고, 수진이가 옷 이렇게 코디하는 거를 좋아했어요, 옷 입는 거. 그래서 "엄마, 옷 어떻게 입어라. 머리 어떻게 해라" 그런 것도 코치를 해주고, 뭘 좋아했는데 생각이…. 라디오 듣는 거 좋아했어요, '별밤[별이 빛나는 밤에]'을 들었더라고요. 나중에 보니깐 메모 일기장에 그게 써져 있더라고요, 별밤.

면담자   별밤은 어머니도 들으셨던 프로그램 아니에요?

수진 엄마   네, 맞아요. 수진이, 이렇게 모여서 얘기하고 이런 거 좋아하고, 그때는 교회 열심히 다녔으니깐 교회 언니들하고 소통하고 하는 거 좋아하고…. 아, 모르겠네. 뭘 좋아했지? 우리 수진이가.

면담자   신앙심은 어땠던 것 같아요?

수진 엄마   수진이가 [교회에서] 수련회 가고 하면, 2014년도에 수련회를 갔는데, 예은이하고 교회에 네 명이 있어요. 네 명이 다 연년생이에요. 그래서 애들은 거의 형제처럼 지내는데, 그 애들이 한꺼번에 수련회를 갔는데 저녁에 기도하면서 수진이는 엄청 울었대요. 그 얘기를 나중에 ××이가 얘기하더라고요. 그러니깐 기도하면서도 울고…, 그 상황에서는 제가 추측을 해보니깐 가정에 대한 문제, 아빠에 대한 문제 그런 것 때문에 기도를 하면서 울지 않았을까.

면담자   아빠에 대한 사랑의 표현이네요.

수진 엄마   그랬을까…. 모르겠어요, 왜 울었는지는. 근데 기도하고 하면서도 굉장히 울고 그랬다 하더라고요.

면담자   넷이 다 희생됐나요?

수진 엄마   아뇨, 그 애들은 우리 교회 애들인데 다른 저기[학교]였죠. 그러니깐 교회에서 네 명이 형제처럼 지내는 애들이었거든요.

면담자   네, 알겠습니다. 이제 어려운 얘기로 넘어가려고 해서

5분 쉬었다 하겠습니다.

(잠시 중단)

8
수학여행 준비, 수학여행 활성화 위원회

면담자   구술 다시 재개하겠습니다. 수학여행 준비는 어떻게 하셨나요? 수진이가 직접 했나요, 아니면 어머니가 많이 도와주셨어요?

수진 엄마   수학여행 준비는, 수진이가 거의 했죠. 주말에 친구들하고 중앙동 가서 신발도 새로 사고, 수학여행 가기 전에 샀어요. 그러니깐 12일인가 그날 토요일 날 신발도 사고, 모자랑 바지, 거기서 입는다고 추리닝 바지도 사고, 그걸 다 우리 교회에 ××이랑 같이 가서 샀어요. 그리고 나서 그때 사진이 여기 있는데, 그렇게 하고 수학여행 가기 전날, 16일 날 갔죠? [아니] 15일 날에 갔죠? 14일 날은 애가 짐 싸야 되는데 안 오더라고요. 그래서 전화했더니 홈플러스 가서, 친구랑 가서 과자 산다고 조금 늦게 왔더라고요. 그렇게 해서 같이 저녁에 같이 저랑 짐 싸고 그렇게 했죠.

면담자   수학여행을 배 타고 간다는 거는 언제 아셨어요?

수진 엄마   배 타고 간다고 통신문이 와가지고 알았죠. 그리고 제가 고1 때, 수진이 고1 때 또 그거였잖아요, 수학여행 활성화하는데 거기 임원이었어요. 그래서 1학년 엄마들 몇 명이서 2학년, 내년에

갈 곳을 미리 정하고 탐방하고 [했는데] 저는 직장 때문에 못 가고 다른 엄마들이 실제적으로 갈 곳을 가고 그랬었거든요. 그래서 그때 알고 있었어요, 배 타고 갔다가 비행기로 오는 걸로 알고는 있었죠.

면담자　　수학여행 논의할 때 학교에서 기획을 주관하는 선생님이 계셨겠네요?

수진 엄마　　네, 지금도 그 밴드[SNS]가 있어요. 밴드를 만들어서, 이러이러해서 그런 상황에 대해서는 다 저희한테 공유를 해줘서 알았죠. (면담자 : 어느 선생님이었는지 기억하세요?) 어느, 그분은…. 휴대폰 봐도 돼요? (찾으며) 밴드를 아직도 안 지웠어요. 수학여행 활성화위원회라고 해서 몇 명 있었거든요.

면담자　　1학년 때 어머니는 운영위원회 감사라 그러셨죠?

수진 엄마　　네. 그때 그랬는데, 1학년 반 대표 엄마들 중에서 2학년 수학여행 가기 전에 위원회를 구성해서 해야 된다고 해가지고…. 아, 14년 2월 21일 날.

면담자　　그럼 1학년 때 구체적인 것까지 계획을 많이 세웠겠네요?

수진 엄마　　그렇죠. 그래서 우리가 미리 갔어요, 다 이렇게 이렇게 갔어요. 미리 엄마들[이] 비행기를 타고 당일로 이렇게 갔다가 왔었거든요. (면담자 : 사전 답사처럼요?) 네, 1학년 때.

면담자　　배 타고 가는 거에 대해서 어머님은 큰 거부감은 없으셨어요?

수진 엄마 김인숙

수진 엄마   많이 그렇게들 간다고 하니깐 '무슨 문제가 있으랴' 평범하게 생각을 했었죠, 그때는.

면담자   결국은 참사가 났으니 (수진 엄마 : 그러니까요) 후회가 몰려오셨겠네요.

수진 엄마   그렇죠. 그니간 여태껏 그렇게 했던 관행이 그랬으니깐 '그렇게 하는 게 맞는 거'라고만 우린 생각했죠. 그리고 수학여행 갔을 때, 보냈을 때 그때가 안개가 엄청 졌었잖아요. 그때 불행히도, 불행인지 뭔지는 모르는데, 그다음 날 우리 아들이 경주로, 5학년이었는데 수학여행이 2박 3일 가는 날이었어요. 그래서 시장을 봐서 아빠랑 같이 있는데 수진이가 마지막 통화에서, 안개가 그때도 엄청 끼고 부슬부슬했는데, "엄마 수학여행 못 갈 것 같애" 그래서 "왜?" 그랬더니 "비가, 배가 안 뜬대. 그래서 못 갈 것 같아" 그래서 머리가 하얘져서 "그럼 어떻게 하지? 그럼 올 것 같으면 와" 그랬는데 "응" 그러다가 "응, 아니야 엄마, 일단 밥 먹고 기다리래. 나 들어갈게" 하고 그게 마지막이었어요. 그리고 통화를 못 했죠, 저는.

면담자   수진이는 카카오톡이나 이런 걸 많이 하진 않았나 보네요?

수진 엄마   했는데, 그날 수학여행 가기 전에도 애가 엄마한테 화장실 가도 엄마, 학교에서 무슨 일이 있어도 엄마한테 다 물어보는 아이에요, 뭘 하나 하더라도. 근데 그날은, 수학여행 출발했을 때는 제가 왜 못 했냐면, 아들이 태권도를 다녔는데 발을 삐어가지고 온 거예요. 수학여행 △△도 내일 가야 되는데 그래 가지고 애를 데리고 응급실도 갔어요. 그래서 가서 치료하다 보니깐 11시가 넘어서 수진이한테 연락을 못 했어. 왜냐면 '애가 아마 친구들하고 놀고 있을 테니깐 연락을 그냥 안 하는 게 좋겠다' 하고 그[다음]날 아침에 일어나서 6시 몇 분엔가 "수진아 잘 지냈어? 뭐 잘 챙겨먹고 가" 그게 마지막이었는데, 그때부턴 연락이 안 된 거죠.

면담자   수진이는 회신을 하거나 그러지는 못 했네요.

수진 엄마   안 왔죠 아예, 그러괴[는].

면담자   수학여행을 보내는 것에 대해 학교와 해운의 연결고리가 있지 않았을까 추측하는 이야기도 있었어요. 그런 거에 대해선 어떻게 추측하세요?

수진 엄마   그건 모르겠어요. 여기[밴드] 보니까 어떤 뭐가 안 돼서, 청해진하고 다른 두 개를 항상 입찰을 하잖아요. 그런데 "뭔가가 안 돼서 청해진으로 했다"고 밴드에는 올라와 있어요.

면담자   2015년에 아이들이 어떤 배를 타고 갈지는 결정이 된 사항이었군요?

수진 엄마   맞아요, 그랬나 봐요.

면담자   그럼 입찰을 했다고 하더라도 2013년에 했을 가능성이 높네요.

수진 엄마   네, 그러니깐 13년도에…. (핸드폰을 보며) 봐요. 그래서 (한숨을 내쉬며) "수학여행 답사 계획을 협의하고자 합니다" 그래서 "여섯 개 [업체]에서 이 입찰을 참여를 했는데 여행사 숙박 및 여객선 계약 관계를 확인한 결과, 청풍투어는 청해진 해운의 정책상 여객선 계약이 안 되며 해신여행사는 일성콘도 숙박 예약이 되어 있지 않습니다. 그래서 청풍투어와 해신여행사에서 제외한 일정은 답사에서 제외하겠습니다". 이게 무슨 말인지 모르겠네(한숨). 숙박이라든가 그런 일정 조율하는 과정에서 가장 좋은 쪽으로 했겠죠.

면담자 다른 여행사와도 결합해서 이렇게 결정했다는 이야기 같네요.

수진 엄마 네, 그러니깐 그랬나 봐요. 네.

면담자 학년부장 주도로 설명의 과정을 거쳐 2013년도 어느 시점에 결정이 된 사안이었다는 거군요. 이렇게 진행된 게 대충 언제인가요?

수진 엄마 그러니깐 13년에, 그니깐 1학년 때 "이렇게 이렇게 하겠다" 그러고, 14년도에는 수학여행 간다는 거만 하지, 그 상황에 대해서는 깊이 생각을 하지 않았죠. 거의 다 그랬을 거예요.

면담자 그 위원회가 운영이 된 것이 13년도 몇 월이었어요?

수진 엄마 그때가 (찾아보며) 8월 달, 8월 달에 했네, 8월 달. (면담자 : 시작이 8월이군요?) 예, 8월 달에.

면담자 그 위원회 활동, 밴드 공지가 끝난 것은 언제인가요?

수진 엄마 이게 참석도 거의 안 하고 하니깐 "올렸나 보다, 했나 보다" [했던 거지요]. 이것도 형식적이었다고 볼 수 있어요, 거의.

면담자   형식적이었다고 말씀하시는 건, 학부모 대표가 정했
다기보단 이미 정해진 걸 설명해 줬을 뿐이라고 보시는 거네요?

수진 엄마   네, 위원회는 해야 되고, 답사는 항상 해야 되고, 여태
까지 그런 과정을 거쳤으니깐 그렇게 해야 되지 않았나….

면담자   답사에 가신 어머니들은 그 희생 학생 어머니들이세요?

수진 엄마   둘 다, 그렇죠.

9
진도체육관에서의 상황

면담자   참사 소식은 언제 알게 되셨나요?

수진 엄마   그건, 저희가 수요일 날이었거든요. 그날이 수요일이
라서, 저희가 아무래도 기독교 재단이다 보니깐, 그 주가 부활절이
었어요. 그래서 우리가 항상 부활 달걀을 만들어서 이웃에게 나누는
걸 하는데…. 아침마다 조회를 해요. 조회를 하고 났는데 9시 조금
넘었는데 수진이 아빠한테 전화가 왔어요, "수진이하고 통화해 봤
냐?"고[해서] "아니, 나 아직 못 해봤다"고 [했죠]. 수진이 아빠는 서울
가려고 다 준비하고 YTN을 보는데 "여객선이 침몰하고 있다" 그 뉴
스가 뜨고 있다고, "수진이한테 통화해 봤냐?", "아이, 수진이 아니겠
지". 그러고 나서, 우리 복지관에 TV가 없잖아요. 근데 안내데스크
거기 우리 IPTV 광고인데[광고가 나오고 있는데], 제가 "뉴스를 보자"

[하고] 뉴스를 봤더니 YTN[이] 나오더라고요. 그래서 그때 우리 황혜숙 팀장[하고] 그때 우리 직원들이 다 빨리 가보라고 "수진이 가지 않았나?" 그래서, "학교 가보자"고 그래서, 제가 못 가니깐, 제가 막 벌벌 떠니깐, "같이 가자"고 해서 단원고로 왔는데….

제가 제일 처음에 단원고로 도착을 했어요, 9시 한 반 정도 됐나…. 그랬더니 교무실이 불이, 전화가 불이 났더라고요. 그러고 나서 경찰이 오고, 몇 명 엄마들이 오고, 순식간에 엄마들이 오고, 그렇게 돼서 알았어요. 그러고 나서 "엄마들 교실에 가 있어라" [그래가지고] 교실에 가 있다가 강당으로 오래요. 강당에 가서 있을 때 뉴스를 그 앞에서 자막 크게 해가지고 했는데, 그때 "구조됐다"고 그래서 서로 부둥켜안고 울고 그랬죠, "아, 다행이다, 다행이다" 그러고. 그러고 나서 12시 조금 넘어서 "차가 됐다"고 해서 갔더니, 그 앞에 차는 있는데 무슨 취재진이랑 그렇게 인산인해를 이루어가지고 많은 사람들이 와 있더라고요. 그렇게 해서 그때 알았어요.

면담자 어머니는 그래도 선생님들을 잘 아시지 않았나요?

수진 엄마 그때 저는 1층 행정실에 들어갔어요, 행정실에. 그래서 "아니, 이러이러했는데 어떻게 된 일이냐?" 저는 발발 떨면서 말 못 하니깐 혜숙이가 "이러이러했는데 어떤 상황이냐?" 그래서 "지금 알아보고 있는데 문제는 없을 것이다. 지금 알아보고 있다" 그런 상황이었어요. 학교도 물론 그랬을 것 같아요, 그 상황에선.

면담자 강당에서 학부모들에게 설명을 하신 선생님이나 직원분이 계셨어요?

수진 엄마 몰라요. 누군가 올라가서 얘길 했는데 우리는 그때는 정신이 혼미해 가지고 우느라고 정신이 없었죠, 전화하고. 전화 통화가 안 되니깐 서로 자식들한테 전화하느라고 다 엄마, 아빠들이 [정신이 없었어요]. 그때 운영위원장이 얘길 했었나, 누군가 어떤 남자분이었던 것 같아, [단상에] 올라가서 그러면서⋯. 우리는 그 뉴스를 보여줘서 그걸 봤으니깐⋯. 그리고 나서 "가야 된다"고. 우린 다 [버스 타는 데로] 나섰죠.

면담자 버스는 몇 시쯤 타셨어요?

수진 엄마 그때가 12시 반 그 정도였던 것 같아요.

면담자 차 몇 대가 움직였는지 기억을 하세요?

수진 엄마 그때 여섯일곱 대 가지 않았을까요, 꽤 많았는데. 늦게 갔는데 굉장히 차가 느렸어요. 근데 우리는 TV 앞에 그 뉴스를 계속 봤는데, 우리가 뉴스를 보는 순간에 배가 조금 남아가지고 들어갔어요. 근데 그때 뉴스에서도 계속 "구출했다", "몇 명 구출했다" 그게 TV에 나오니까 다 그랬겠죠. '우리 아이 있겠지, 우리 아이 있겠지' 다 그런 마음이었겠죠, 아마.

면담자 버스에서는 누가 상황을 설명하거나 그런 건 일절 없었구요?

수진 엄마 그런 건 전혀 없었죠, 다 그냥 초조해서 빨리 가기만⋯. 그렇게 먼지 몰랐어요.

면담자 왜 그렇게 버스가 늦게 갔다고 생각하세요.

수진 엄마   몰라요. 아마 교통위반 그것 때문에 그랬나? 늦었어
요. 우리는 마음 급한데 해 질 녘에 도착했어요. 해 졌어요, 그때.
(면담자 : 거의 6시 넘었을까요?) 넘었을 것 같아요.

면담자   내리시니깐 어떠셨어요?

수진 엄마   내렸는데, 저는 동생들이 목포에 살아요, 남동생, 여
동생. 그래서 걔들한테 먼저 전화를 해놨죠. 이러이러해서 그랬더니
동생들이 다 내팽개치고 거기 가서 알아보고, [팽목]항에도 가고, 제
부랑 다 그랬는데, 수진이, 이수진이었잖아요. 거기 봤더니 전지를
크게 해서, 거기다 [생존해서] 나온 사람들 이름인데, 이수진이 있더
라고요. 그래서 '수진이가 있나 보다' 했는데 그 애가 기관사 그 애였
더라고요. 그래서 그 처음에 봤을 때는 이수진이가 없어서 제가 거
기에 엎어진 거죠. 동생이랑 다 그거[이름] 찾느라고 혈안이 돼가지
고…. 그래서 그때 사람이 많았고, 가장 먼저 온 게, 제가 밧데리[배
터리] 충전이 안 됐어가지고 이게 없어서, 근데 통신사에서 가장 먼
저 [충전대] 그걸 배치를 해줬더라고요. 그래서 충전을 가장 먼저 했
죠, 엄마, 아빠들이 전화를 하도 많이 하다 보니깐. 그리고 저는 쓰
러져 가지고 있어서, 그때 군인들이 와서 간이침대에서 주사를 놓
고, 남편은 바로 팽목항으로, 양복 입은 채로 팽목항으로 [와서], 엄
마, 아빠들 가서 배 타고 사고 현장에 간다고 그렇게 가고….

면담자   어머님은 링거 맞고 언제 일어나셨어요?

수진 엄마   모르겠어요, 계속 울어가지고.

면담자   깨어나셨을 때는 진도체육관 안으로 들어가셨겠네요?

수진 엄마   네, 근데 밤인지 낮인지 시계가 있어야죠, 뭐 그걸 알아요? 시계 볼 여력이 있어요? 불은 항상 켜져 있지, 사람은 왔다 갔다 하지, 울다가 혼절하고 울다가 혼절하고 그래서 거의 하루 이틀은 제가 정신을 못 차렸던 것 같아요.

면담자   어머니는 팽목을 못 가셨을 거고, (수진 엄마 : 남편만 계속) 추정컨대, 17일 밤이나 18일 정도에 깨셨을 것 같은데, 그때가 박근혜가 진도체육관으로 오는 시기 아니었어요? 박근혜가 왔을 때는 기억하세요?

수진 엄마   맞아요, 네. 제가 그 통로에 있는데 엄청 시끄러운 거예요, 엄청 시끄러운 거예요. "VIP가 오네, 어쩌네" 그러는 거예요. 그래서 "누가 온다는 거야" 하고 봤더니 우르르르르 해가지고 박근혜가 제 옆에 지나가, 이렇게 전 누워 있는데 지나가더라고요. 거기도 볼 힘도 없고, '왔나 보다' [했지요]. 그래서 앞에 나가서 얘기를 하고, 우리 유가족들한테…. 그런데 박근혜 오기 전에요, 선거 전이었거든요. 굉장히 많은 사람들이 왔는데, 와서 다 앞에서 마이크 잡고 얘기하는 거, 근데 할 수 있는 게 아무것도 없었는데….

      근데 저는 그때 생각나는 게, 친구가 민간 잠수사였어요. 어떻게 친구들이 제가 카톡에다가 "수진이 생사를 알 수 없어요" 이걸 올렸더니 친구들이, 학교 친구들이 어떻게 연락을 해가지고 그 친구한테 전화가 왔더라고요. 그 애도 거기를 갔는데, 갔다가 저녁에 언젠가 한날 왔더라고요. "인숙아 포기해야겠다, 들어갈 수가 없다. 들어가지를 못 하게 해서 들어갈 수가 없다. 포기해야겠다" 그러더라고요, 걔가. 그래서 걔 붙잡고 엄청 운 기억밖에 없어요.

면담자 　그 친구분은 초등학교 동창인가요?

수진 엄마 　초등학교 친구는 아닌데, 친구의 친구예요. 그래서 그렇게 알게 된 사인데 어떻겐가 나한테 연락이 와가지고, 걔도 갔나 봐요, 거길. "근데 갈 수가 없다, 들어갈 수가 없다" [하더라고요]. 걔한테 내가 "너라도 가서 해줘, 너라도 가서 해줘" 그랬는데 갈 수 있는 상황이 아니라고.

면담자 　왜 못 들어갔는지 더 자세한 얘기는 없었구요?

수진 엄마 　"갈 수가 없다"고, "들어갈 수가 없다"고 그랬어요, 거기에.

면담자 　어머니는 그때 대통령에 대해선 어떤 감정이셨어요?

수진 엄마 　그때는 (한숨을 내쉬며) 그때는 생각이 안 나는데 너무 멍하니 있었던 것 같아요. '왜 저 사람들이 계속 왔다 갔다만 하지?', 내 자식은 빨리 구해야 되는데, 구하지 못하는데 왜 정치인들은 계속 눈뜨면 다른 사람 와서 마이크 잡고 있고, 눈뜨면 다른 사람 와서 내 손 잡고 있고…. 그런 상황이 너무 반복되니깐 '저 사람은 왜 왔지?' 그런 생각만 했어요.

면담자 　좀 아픈 질문들인데요, 언제쯤 아이가 살기 힘들겠다는 생각을 하셨나요?

수진 엄마 　(한숨을 내쉬며) 하루가 지나고 언젠가 여기에서, 카톡에서 그런 게 가짜로 누군가 장난을 했었나? "어디 살아 있으니깐 빨리 구해달라" 그런 게 떴었잖아요. 그래서 "우리 아이는 있을 거다" [했는데] 그 명단에도 우리 아이는 없는 거예요. 그래서 그때 죽었[구나 생각했]죠, 제가. 그러고 나서 하루가 지나고 이틀이 지나고 나서 '에어포켓이 있어서 아이들이 있을 거다' 그런 희망도 있었는데 그것도 "없다"고 그래서 '아, 살아올 수 없겠구나' 그런 생각을 했죠.

면담자   그렇게 있다가 진도체육관에서 진도대교로 유가족들이 최초의 도보시위를 하셨죠?

수진 엄마   저는 못 갔는데 남편은 갔어요. 근데 가다가 왔어요. 저도 간다고, 울면서 저도 간다고 했더니 "당신은 여기 있어" [해서 그냥 있었어요]. 그리고 주변에 자원봉사 그때 많이 오셨었어요. 그래서 저를 못 가게 하고 그래서 저는 못 가고…. 가다가 남편이 언젠가 왔더라고요, 보니까 제가 눈 떠보니깐, 간다고 했었는데. 근데 그 상황에서 우리 유가족 말고 다른 사람들이 어마어마하게 많이 있었어요. 정말 많이 있었는데 제가 또 생각나는 게, 제가 진도 체육관에 가서 그때는 누가 리더라든가 제시하면서 어떤 방향을 제시하는 상황이 아무도 없었거든요. 근데 어떤 젊은 사람이 그럼 "제가 명단이라도 좀 주세요. 반 명단이라도 좀 주세요. 아이들 누가, 그럼 누가 나왔고 안 나왔는지 그건 알 수 있는 명단이라도 주세요" [그랬는데] 근데 되게 젊은 사람이었어요. 근데 지금 생각해 보니깐 그 사람이 어디서 나왔는지는 모르겠어요. 그 사람이 굉장히 자기가 책임자처럼 제일 처음엔 했었어요, 젊은 사람이 조금 통통해 가지고. 그랬는데 "다 지금 알아서 해줄 테니깐 걱정하지 말라"고 그렇게 했던 사람이 있었어요.

그러고 나서 아수라장이 되면서 이 사람 저 사람이 다 마이크 잡고 물병 던지는 그런 상황이고, 그런 지옥은 아마 없었을 거예요. 온[통] 소리에다가 여기저기서 엄마들 [쓰러지고] 그래서 구급 간호사들, 그때는 간호장병들 왔다 갔다 하지…. 근데 그 상황에서 아마 우리 유가족은 아닌데 누군가가 와서 그렇게 했었어요. 근데 그 사람이 누군지를 모르겠어요.

면담자　어머니가 건강이 회복된 시점이 언제쯤이셨어요?

수진 엄마　제가 부활절이라서 교회를 갔어요, 남편이…. 저는 화장실만 가고 전혀 나가지를 않았어요. 그래서 그 밖에 어떤 상황인지도 전혀 몰랐어요. 저는 누워 있고 오로지 먹은 게 그때 쁘띠첼인가 물로 먹는 거. 제가 하도 안 먹으니깐, 물도 못 먹었어요, 그러니까 그거라도 먹으라고 [해서] 그거 먹고 누워 있고 계속 그랬거든요. 그리고 주일날, 그래도 교회는 가야겠더라고요. 남편이 가자고 해서 진도에 있는 교회를 겨우 갔어요. 거기 가서 저를 도와주는 사람들을 만나게 됐죠. 그때 처음 제가 밖에 나갔어요. 그리고 교회 갔다 와서 들어와서는 아예 밖에를 나가지 않고, 한 2주 동안 안 씻었나 봐요, 저. (면담자 : 일요일이면 20일이었을 것 같아요) 맞아, 부활절이었어요.

면담자　20일에 처음으로 예배 때문에 외출을 하신 거네요.

수진 엄마　네. 그때 교회에서, 지영이라고 있어요, 지영이가 차를 일부러 가지고 왔더라고요. 그래서 저를 데리고 가서, 자원봉사하러 와서 저를 만났어요, 그래서 교회 가자고 해서 그 애 부축을 받으면서 남편이랑 가서 그때 처음 나갔고. 그리고 보니까 그밖에 상황이 어마어마하더라고요. 엄청 부스[booth]도 많아지고 자원봉사자들도 많아지고 그랬더라고요.

면담자   그러면 16일이 있었던 그 주가 지나고 그다음 주부터 움직이신 거네요. 어머니 굉장히 오래 누워 계셨네요.

수진 엄마   전 오래 있었어요.

면담자   아이들은 어떻게 하고 있었어요?

수진 엄마   저는 그때 △△가 수학여행 갔었잖아요. 수학여행 갔다 와서 다행히도 우리 교회 사모님이랑 저희 친한 언니들이 있어요. 그 언니들이 학교[에 가서], △△ 수학여행 갔다 올 때 맞춰서 가서 데리고 와서, 그리고 그때 진희하고, 길섭이라고 저랑 동생처럼 지내는 애들 있는데, 그 애들이 자고, 아예 아이들을 집에서, 우리 집에서 자고 아이들 밥 주고, 또 우리 교회 집사님들이 아침에는 와서 다 청소해 주고 반찬 해놓고 가고, 아이들 먹을 거. 그리고 단체에서 가족들 파악해서 반찬이랑 그런 거 다 공수해 줬잖아요. 그렇게 했었어요. (면담자 : 어느 단체였죠?) 모르겠어요, 그니깐 부녀회 이런 데서, 고잔동이었기 때문에 부녀회에서도 굉장히 많이 움직였던 걸로 제가 알아요. 그런데서 많이 도움을 줬죠, 아예.

면담자   한 달 동안 아이들은 다른 분들이 잘 케어를 해주신 거네요. (수진 엄마 : 그렇죠) 중간에 올라오시진 않으셨어요?

수진 엄마　　　전혀 못 올라갔죠. (면담자 : 아버님은요?) 수진 아빠도, 아예 진도에 팽목항, 날마다 눈뜨면 거기 가서 바다 바라보다가 저녁 되면 들어오고, 저녁에도 나가고, 누가 나왔다면 가고, 누가 나왔다면 가고 거의 잠을 못 잤죠.

10
수진이가 올라왔을 당시와 장례

면담자　　　아이 나왔다고 그래도 직접 가서 보지는 못하셨을 것 같아요. (수진 엄마 : 저는 못 봤죠) 아버님이 가서 보고 와서 수진 엄마한테 알려주셨나요?

수진 엄마　　　수진 아빠도 못 봤어요. 왜냐면 그때 너무 신기한 게, 그날 저녁에 잠을 항상…. 그 몇 명 그때 안 남았었어요. 은화 엄마 내 옆에 있었고, 다윤이 엄마 옆에 있었고, 양승진 선생님 이렇게 있었는데, 제가 그때 안 먹고 울고, 되게 굉장히 요주의 인물이었어요. 너무 안 먹고 쓰러지고 얼굴 까매 가지고 깡말라 있고 그랬는데, 그날 저녁에도, 제가 진희가 우리 집에 있는데 진희하고 통화를 하면서 그랬더니, 조금 있으면 진희 생일이었거든요. 진희가 수진이를 꿈에서 봤는데 수진이가 단발머리 하고 현관문 열고 왔는데 "자, 이모한테 안겨봐" 했더니 암 말도 안 하고 슥 지 방으로 들어가더래요. 그래서 "이놈 시끼 이모한테 안기지도 않고 들어가네" 그렇게 했다고 그러더라고요. 진희도 꿈을 꾼 거예요. 근데 그 말을 듣고 "그랬구나" 울었어요.

울고 저도 참 울다가 꿈을 꿨는데, 정말 그게 생시처럼 느껴지는 게, 진도체육관에 있는데 현관문 저쪽에서 수진이가 이렇게 앞머리를 살며시 빗고 단발해서 교복을 입고, 얼굴 볼 여기가 빨거죽죽해요. 되게 이쁜데, 나한테 다가오더라고요. 그래서 제가 누워 있는데 제 머리맡에 딱 앉는 거예요. 그래서 제가 일어나서 "수진아, 수진아, 우리가 엄마가 너를 얼마나 보고 싶어 했는데, 엄마가" 울었거든요(울음). 그래 가지고 깬 거예요. 근데 그때가 12시 반이 좀 못 됐어요. 그랬더니 주변에서 잠을 안 자고 있었더라고요. 수진이 아빠가, 물때가 조금 잔잔해질 때가 있어요, 그래서 수진이 아빠가 상황실 저쪽에 가본다고 갔는데 "나온 사람 아무도 없다" 그렇게 해서 그때 날을 샜어요, 그날 꼬박 날을 새고, 밖에 나가가지고 있으면서.

그 진도에 자원봉사 선생님들, 부녀회들 진짜 감사해요, 나를 얼마나 챙겨줬는지(울음). 그렇게 하고 내내 등 만져주고 자라고, 눕혀서 다 안마해 주고. 누워 있다가, 근데 그날 아침이 됐는데 우리 교회 담임목사님이, 목사님들끼리 해서 오신다는 거예요. 그래서 "다 필요 없는데 왜 오신다고 하는 거야. 만나기 싫다" 그러면서, 안 씻었는데 샤워를 해야겠더라고요. 씻고 나와서 혼자 거기 체육관 옆에를 혼자, 그때는 해당화가 많이 피었었어요. 그래서 그때 누군가가 내 옆에 있었어요. 항상 제가 가면 두 명이 따라다녔거든요.

이렇게 돌고, 이렇게 와서 1시쯤 밥을 먹재요, 은화 엄마랑 언니랑. 나는 '울맘'이었거든요, 하도 울어서. "울맘, 울맘 밥 먹자", 밥이 안 들어가서 "언니, 나 안 먹을래요" 그러고 있는데, 뉴스를 보니깐 앵커를 네 개 박아놨는데 그때가 비가 많이 와가지고 앵커 하나가 떨어졌다는 거예요. 그래서 그걸 수색을 또 그날 못 한다는 거예요 (한숨). '또 틀렸구나' 그러고 있는데, 1시 넘어선가 갑자기 한 명이 나왔다고 그러더라고요, 한 명이 나왔다고. 근데 신원 미상, 한 달이 됐으니깐 신원 미상, 누구인지는 모르겠고. 그러고 있는데 거기에서 [수습]해서 오는데도 1시간 몇 분 걸려요, 그 현장에서 팽목항까지 오는데.

근데 아디다스 추리닝 바지에 줄무늬 흰색, 줄무늬 남방이라고 그래요. 그래서 키는 162[cm]에다가 단발에다가, 수진이 같단 느낌이 드는 거예요. 그래서 우리 수진이 같다고 했더니 다윤이 엄마가 다윤이 같다는 거예요. 다윤이도 똑같이 옷을 입었대요, 그때는 다 아디다스 그걸 입었으니깐. 근데 내 느낌이 수진이 같은 거예요. 그래서 그때 제가 혼절을 했죠. 그랬더니 무조건 은화 엄마가 챙겨주면서 "수진아, 너는 지금 어떻게 된 상황인지 모르니깐 몸 챙겨야 된다" 그렇게 해가지고 그때 주사를 맞고 우황청심환 먹이고, 간호사군 장교들이 그런 것을 해가지고 있는데…. 저는 못 가고 저희 목사님이 오셨다 그랬잖아요. 목사님하고 목포에 사는 제부하고 여동생이 그날따라 빨리 왔더라고요, 날마다 오는데. 그래서 수진이 아빠랑 목사님하고 제부하고 거기 팽목항을 갔어요.

가서 봤는데 수진이 아빠는 (한숨을 내쉬며) 차마 못 보겠…(울음). 하얀 천으로 덮어졌는데 발만 봤대, 발만 봤대. 발만 봤는데 딱 우리 수진이 같더래요, 하얀색 양말을 신었는데 실내화만 안 신고.

목사님하고 제부하고 봤나 봐요. 근데 얼굴이 (눈물을 훔치며) 얼굴이 한 달이 되고 날이 더워지니깐 알아볼 수 없었나 봐. 그래서 속옷을 물어보더라고요. 저는 (눈물을 훔치며) 진도 거기 서가지고 국과수 그분들한테 제가 달려갔어요, "사진 전송해 주면 나 사진 좀 보게 해달라"고. 그런데 안 보여주더라고요.

그런데 제부가 물어보더라고요. "속옷을 뭐 입었냐?" 그래서 속옷도 진희 이모가 사준 게 '비비안'이거든요. 검정색에 레이스 해서 어른들이 입는 거 그거였어요. "그거 금색으로 돼서 검정색 레이스 그거 맞냐?" [해서] 그거라고 했더니 "맞네, 맞아" 그러더라고요. 그래서 (눈물을 훔치며) 수진이인 거 알았어요. 그래 가지고 신기하게도 알고 나서 (눈물을 훔치며) 슬픈 게 아니라 너무너무 감사한 거예요. 그래서 엄마한테 왔다는 게 너무 감사하면서, 그래서 누워 있음 안 되겠더라고요, 제가. '세상에, 그래도 우리 아이가 엄마 보려고 나왔는데 제가 더 이상 이렇게 누워 있으면 안 되겠다', 그게 엄마인가 봐요, 힘을 냈어요. 힘을 내고 언니들이랑 자원봉사 저기 선생님들이 "먹어야 된다, 먹어야 된다". 그때 뭔가를 먹고 그날 저녁에 다 팽목항을 갔어요.

현철이네, 다윤이네 해서 저는 못 가고 수진이 아빠랑 가서, 왜냐면 "거기 가서 우리 아이들 이름을 좀 부르자. 그러면 오지 않겠냐?" [해서]. 근데 수진이 아빠가 그때 가서, 수진이 아빤 거기서 쓰러진 거죠, 토하고 그래 가지고. 그때 수진이 아빠가 처음 저녁에 새벽에 한 3시쯤엔가 와가지고 링거를 처음, 수진이 아빠는 맞은 거죠, 그때.

수진 엄마 김인숙

그렇게 해서 보고 "24시간이 지나야지 유전자 그 검사 결과가 나와야지 확정이 돼야지 데려갈 수 있다"고 그랬는데 저희 바로 앞에 [6반 이]건계를 찾았거든요. 근데 팽목항 그때는 헬리콥터가 많이 있었어요, 빨리 운송을 한다고. 날마다 저는 자원봉사 해줬던 지영이랑, 그 언니 이름 잊어버렸네, 나를 부축해 가지고 거기를 올라가서, 조금 올라가면 진도체육관이 다 보이거든요. 헬리콥터가 있는데 그걸 보면서 '나는 언제 저걸 타고 가냐' [했어요]. 근데 그때는 우리가 서로 별로 몇 명 안 남았었으니깐, 미안하니깐 찾았어도 말을 안 하고 가서, 건계가 헬리콥터 타고 갔었거든요. 그래서 그러고 한 며칠 후에 수진이를 찾았으니깐 우리도 헬리콥터를 타고 가려고 했는데 그날 비가 엄청 왔어요. 안개가 끼고 헬리콥터가 안 된다고 해가지고 차를 타고 간다고 12신가 1시에 출발을 하겠다고 택시를 불러놓고 다 얼싸안고 울었죠.

진도에 부녀회 회장님들도 너무 감사해요, 그 자원봉사…. 안고 울고 양승진 선생님 사모님, 태민이 엄마 누워 있지 은화 엄마, 은화 아빠, 현철이 엄마, 아빠 다 안고. 우리가 쓰던 이불을 줬어요, 이불, 베개, "그래야지 나온다"고. 그래서 우리가 쓰던 거 다 이렇게 물려주고 그렇게 올라왔는데, 난 생각나는 게, 택시를 타고 먼저 엄마, 아빠 이렇게 하고 우리 동생네도 같이 올라왔어요. 동생네도 짐을 다 싸가지고 저 돌본다고 회사 멈추고 다 올라오고, 앞에 경찰차 한 대, 우리 차, 그리고 조금 가면 진도체육관 앞에 운동장이 있었는데 운동장 앞에 갔더니 영구차 그게 있더라고요. 그게 기다리고 있더라고요, 그게 우리 수진이가 들어 있는 차. 그게 우리 앞에 가는데 너무 감사한 거예요, 그 차를 보니깐. '세상에 그래도 엄마를 보려고 애가 나왔구나' 해서 너무 포근하고 감사한 마음 있잖아요. 정말 슬프지만 너무 감사하고 소중한 거예요, 그게(울음).

그래서 오는 내내 울고, 수진이 아빠는 장례식장 때문에 고모부하고, 고모부가 여기서 일 처리를 다 해주시니깐 고모부가 여기저기다 알아봐서 "이렇게 하자, 이렇게 하자". 위는[안산에서의 장례식 절차는] 고모부한테 맡겼죠, 그럴 경황없어서. 그렇게 해가지고 몇 시간을 달려서 달려서 오는데, 어디쯤엔가 오는데 5월 중순이 되가니깐 아카시아 꽃이 엄청 폈을 거 아니에요. 아카시아 꽃이 그렇게 흐드러지게 펴 있는 거예요. 얼마나 슬프던지, 제가 우리 집 앞에 정원에 라일락이 꽃망울이 있을 때 제가 나갔거든요. 그랬는데 라일락은 다 지고 세상에 아카시아가 꽃이 이렇게 펴가지고, 그 향기가 안산에 왔더니 온통 아카시아 꽃향기더라고요.

그래서 한사랑병원으로 갔거든요. 고대병원에 자리가 없다 그래서 한사랑병원에 다 갔는데 그때 우리 복지관에 제가 택시에서 바로 내렸는데, 그 '우리함께[안산 지역공동체 회복을 위한 복지관 네트워크]' 사무국장이었는[던] 성현이하고 우리 부장님 있거든요. 이재홍 부장님이 나를 딱 보는데 그 표정을 저는 잊을 수가 없어요. 부장님이 나를 봤을 때 표정, 성현이가 나를 봤을 때 그 표정, 그니까 서로 반가우면서도 슬프면서도 만감이 교차했겠죠. 그때를 잊을 수가 없어. 일어났는데 제가 다리에 힘이 없으니깐 성현이가 저를 붙잡고 해서 장례식장 갔더니 우리 가족들이 다 와 있더라고요.

그랬었어요. 그렇게 해서 우리 수진이를 만났어요. 우리 수진이가 나오려고, 엄마 만나려고 그렇게 했었고…. 또 빠트린 게 있었다. 그날 저녁에 "우리 힘내자"고 누군가가 치킨을 사줬어요. 그래서 치킨을 먹고 있는데 노란 나비가 한 마리 들어왔어요, 강당에. 그 체육관에 들어왔는데, 그때 승환이 아빠도 내려와 있었어요. "승환이하고 현철이하고 친했다"고, 승환이도 장례 치르고 승환이 아빠도 계속 우리 주변 돌보고 막 그랬었죠. 근데 노란 나비가 있었는데 "어머, 나비가 왔네" 그래서 "야, 나비 행운을 주나 보다" 우리 웃으면서 그랬는데, 제가 요렇게 팔을 뻗었더니 그 나비가 돌다가 여기로 앉는 거예요. 그래서 "야, 수진아" 은화 언니가 "너한테 좋은 일이 있으려나 보다, 수진이 오려나?", 우리가 "오면 좋겠다" 그렇게 하고, 그 저녁이 있었던 거예요. 그날 꿈을 꾸고 수진이가 이렇게 정말 생시처럼 엄마 머리맡에 와서 그랬었고, 그렇게 해서 수진이를 이제 만나게 된 거죠.

면담자　　　수진이는 어디에 갔어요?

수진 엄마　　　수진이는 하늘공원에 있어요, 지금 하늘공원에. 수진이는 모습을 못 봤어요. (면담자 : 한 달이나 지났으니깐) 염을 한다고 지나갔는데, 그냥 하얀 포대로 다 감아놨더라고요. 근데 저는 그때 우리 시누들이랑 다들 같이 들어간 형님들도 수진이에 대한 사랑이 진짜 남달랐어요. 큰애였고 그러기 때문에 우리 시누들도 수진이를 진짜 이뻐했어요. 정말 아주 그랬는데, 다 울었는데 저는 울면 안 되겠더라고요. 우리 수진이 제가 첨 봤는데 울면 안 되겠더라고요. 그래서 제가 안 울었어요. 진짜 이를 딱 물고 안 울고, 수진이한테 수진이 머리부터 다 제가 손으로 쓰다듬어줬어요. 그러면서 "수진아 엄마한테, 우리 가족한테 오느라고 애썼다"고, "우리 걱정은 하나도 하지 말고 편안히, 편안히 천국에 가라"고, "엄마 걱정, 아빠 걱정, ○○이 걱정, △△ 걱정 아무것도 하지 마, 수진아. 우리 잘 있을 테니깐, 걱정 하나도 하지 말고 맘 편히 가". 진짜 저 안 울었어요, 그 당시에.

면담자　기독교는 장례 이후 보통 어떻게 하죠? 삼우제 이런 걸 하십니까?

수진 엄마　아니요, 그런 건 안 했어요. 교회 끝나면 항상, 근데 가는 길이 너무 힘들었어요. 그리고 교회를 가는 것도 힘들었죠, 왜냐면 수진이의 모든 게 그 교회 안에 묻어 있으니깐. 여기에도 수진이가 있고 저기에도 수진이가 있고 하니깐 정말 교회 가는 것도 힘들어서 교회에도 한두 달, 석 달 만엔가 제가 나갔어요.

11
4·16 이후 신앙관

면담자　팽목에서 수진이를 기다릴 때 하나님이 되게 원망스러웠을 것 같아요.

수진 엄마　그랬죠, 그랬죠. 말할 수가 없죠.

면담자　하나님한테 막 욕도 하셨어요?

수진 엄마   욕은 하지 않았고, '하나님이 기적을 베풀었다는 것은 거짓말이다, 거짓말이다' 그렇게 생각했죠. '모든 건 다 거짓말. 병자를 고쳤다는 것도 거짓말이고, 죽은 나사로를 살려서 걸어 나오게 했다는 것도 거짓말이고, 다 거짓말이다. 성경은 다 거짓말이다' 그렇게 생각할 수밖에 없었죠. (면담자 : 신앙적인 면에서 수진이의 죽음을 설명할 수가 없었던 거네요) 그렇죠. 그렇죠, 당연히.

면담자   지금도 설명이 안 되지 않아요, 어떠세요?

수진 엄마   그럼요, 지금도. 그러니깐 실제적인 사람은 그걸 입 밖에 내지 않아요. 그건 하나님의, 제 주변에 있는 사람은 계획이었느니 어쩌느니 그런 말을 하지 못해요. 왜냐면 본인도 슬프기 때문에 그 말을 할 수가 없는 거예요, 감히. 근데 멀리 떨어져서 본 사람들, 제3자도 아닌 4자, 제4자는 그렇게 합리화를 하는 거죠. "그건 이 나라를 살리기 위해서 그런 계획이 있었다. 그리고 하나님 나라에서 더 필요했기 때문에 빨리 데리고 갔다. 선교, 순교자다" 이렇게 얘기를 하는 거죠. 근데 저는 지금도 그렇게 믿어지진 않아요, 그렇게 믿어지진 않아요. 그렇게 합리화하고 싶지도 않아요, 지금도.

면담자   교회 나가시기 되게 어렵겠네요. (수진 엄마 : 어려웠죠) 지금은 어떠세요?

수진 엄마   지금은 4년이 됐잖아요. 그래서 한 우리가 3년상이 있다고 그러잖아요. 그 말이 조금은 이해가 가요. 3년 동안은 저는, 한 4년 동안, 올해 돼서 2019년에 돼서 제가 제 자신을 조금 보게 됐지, 그 전에는 자신이라든가 주변이라든가 남아 있는 자식에 대해서는 생각을 할 수가 없었어요. 무조건 모든 관점은, 모든 중심은 수진이였어요. 모든 게 수진이를 중심으로 해서 뻗어나갔지 아이들을 위해서, 지금 살아 있는 아이들 중심은 아니었어요. 근데 4년이 지나고 나니깐 5년이 되니깐 정신이 조금 들더라고요. 주변이 보이게 되고 남아 있는 ○○이하고 △△가 보이게 되고, 내 남편의 상태가 보이게 되고, 제가 보이게 되고 그러더라고요, 지금.

면담자　　수진이가 다녔던 교회의 목사님이 굉장히 열심히 수진이를 위해서 노력을 한 것 같은데요. 목사님의 해석은 어떠셨어요?

수진 엄마　　목사님께서는 지금도 이렇다 저렇다 말씀을 안 하세요. (면담자 : 정말 목사님이시네요) 네, 정말 그래서 목사님 정말 존경스러워요. 목사님은 이렇다 저렇다 말씀 안 하세요. 왜냐면 목사님이 수진이를 보셨잖아요. 그리고 정말 아끼고 예뻐했어요. 목사님은 저한테 "이제는 건강 찾고 남은 아이 보고 힘을 내라" 그 말씀만 하시지 그 외에 수진이의, '이렇게 이렇게 계획이 있었다' 그런 말씀은 지금도 안 하시고 아끼세요, 그런 말씀은. 나중에 나중에 제가 더 확고하게 완전한 믿음이 생기거나 하면 말씀하실지 모르는데 지금은 그런 말씀 안 하세요, 제가 상처받을까 봐서.

면담자　　신앙적 해석으로 신이 전지전능하다는 걸 믿느냐 믿지 않으냐가 수진 엄마한텐 중요할 것 같은데요?

수진 엄마　　그렇죠. 제가 어릴 때『탈무드』읽은 것 중에서 하나 생각났는데, 남편이 집에 왔는데 부인이 남편한테 얘기한 게 있었어요. "여보, 어떤 분이 우리한테 보석, 구슬인가 보석인가 세 개를 맡

62

수진 엄마 김인숙

겼는데, 본인이 당신 거라고 달라고 해서 줬다, 그게 잘한 거냐?" 그 랬더니 남편이 "당연히 주인이 주라고 하면 줘야지" 그랬는데 그게 자식들이었어요, 그런 게 있어요. 제가 어릴 때 읽었는데 그게 생각이 나요. 해서 정말, 제가 완전히 그걸 믿는다고 하면 하나님이 우리 수진이를 주셔서 제가 잠시 자식으로 데리고 있다가 하나님이 원해서 필요해서 데리고 가셨다면 흔쾌히 감사히 드려야 되는데 그게 안 되거든요. 그러니깐 믿지 않는 것 같아요, 제가. '믿는다'고 생각했어요. '믿는다'고 생각했는데 제가 막상 내 자식을 잃고 보니깐 그게 믿어지지 않아요. 그거 거짓말인 것 같아.

면담자   하나님이 그런 능력은 없을 수도 있지 않을까요?

수진 엄마   (한숨을 내쉬며) 그러게요, 이렇게 많은, 수많은 사람들이 있는데 그 사람들을 다 그렇게 할 수는 없고 기적처럼 살아난 사람들은 몇 명이 있긴 있는데…(한숨).

면담자   수진이가 천국에 갔을 거라고는 믿으실 수는 있잖아요?

수진 엄마   맞아요. 현실적으로는 그게 안 되는데 제가 위안을 얻거나 수진이를 행복하게 생각하기 위해서, 행복하게 수진이가 갔다고 생각하기 위해서는 '천국에 살아서 들려 올라갔다' 그렇게 믿어야죠. 그래야 되는 방법밖에는 없는 것 같아요. 보지 않고 믿는 게 신앙이잖아요. 그러니깐 저도 여태껏은 '그건 다 거짓말이고 있을 수 없는 일이다' 그랬는데, 수진이를 위해서 그리고 저와 가족들을 위해서 "하나님이 정말 뜻이 있어서 가장 곱고 예쁠 때 우리 수진이를 데리고 갔다" 그렇게 믿어봐야죠. (면담자 : 역시 전지전능하심을 믿으시네요) 믿어야죠. 어차피 저도 지금은 지나가는 나그네길이고, 갈 길은 천국인데.

면담자   천국에 있는 수진이하고 지상에 남아 있는 어머니하고 만날 길이 있다고 보세요?

수진 엄마   글쎄요. 꿈에 나오는 것은, 우리가 꿈은 다 마귀가 장난하는 거라고 그렇게 얘기하잖아요. 그런데 저는 그렇게 생각하지 않아요. 수진이가 가끔 나와요. 저번에 수진이 생일 전에도 만났어요. 수진이 전, 생일 전인데 수진이가 수학여행 가기 전주에, 전주 일요일 날 교회 예배드리고 나서 오후에 머리를 교회 주변에서 잘랐거든요. 근데 이번 생일 때도, 생일 며칠 전에 또 머리를 잘랐더라고요. 그래서 머리끝을 보여주면서 "엄마 나 머리 잘랐어" 이렇게 이렇게 하더라고요. 그래서 "또 머리 잘랐어?" 그렇게 했거든요. 근데 수진이의 그 모습으로 지금도 간혹 만나고 있는 것 같아요.

12
수진이에 대한 기억과 생각

면담자   제가 왜 여쭈었냐면, 수진이는 하늘로 갔으니까, 이전과는 다른 새로운 일상을 만들어가실 텐데, 거기에 수진이가 어떤 형태로든지 존재한다고 생각해요. 천국에 있는 수진이하고 현세에 있는 어머니가 새로운 일상을 만들어가면서 어떻게 만나갈지에 대해 어머니가 많은 고민을 하시지 않았을까 싶어서요.

수진 엄마　　주변에서 사람들이 그러잖아요. "수진이가 봤을 때 엄마가 힘없이 그렇게 좌절하고 쓰러져 있는 모습은 원하지 않는다. 엄마가 당당히 일어서고 더 밝게 웃으면서 잘 살고 그렇게 하는 걸 원한다" 그런 말을 했는데, 그 말 되게 싫었잖아요, 되게 싫었어요. '당해보지 않아서 어디에서 책에서 읽은 거, 어디 상담할 때 써먹던 걸 나한테 써먹나' 그렇게 생각했는데 제가 올해부터 정신이 들었다고 했잖아요. 올해 수진이가 스물셋이더라고요. '맞아. 우리 수진이가 엄마를 생각하고 천국에서 봤을 때 엄마의 어떤 모습을 좋아할까' 그래서 제가 조금 올해는 힘을 내기 시작했어요. 그래서 그 전에는 책도 전혀 읽지 않았어요. 근데 올해 제가 교회에 갔다가 끝나고 △△랑 거기 대동서적 가서 1시간 정도 책을 꼭 읽고 그런 생활을 지금 하고 있거든요. '우리 수진이가 나의 모습을, 강하고 그런 모습을 좋아할 것이다' 그러니깐 제가 그렇게 생각을 한 거죠. 그러면서 굉장히 그립기도 해요. 수진이는 굉장히 다정했거든요. 다정하고 수학여행 가기 전에도 저랑 같이 쇼핑도 하고 목욕탕에도 같이 가고 마사지도 같이하고 까르르 잘 웃으면서 저한테 "김인숙, 김인숙" 이렇게도 하고.

얘기가 또 흘러가는데, 수진이가 수학 야자, 야간자율학습 끝나고 올 때 제가 간담회를 해서 조금 늦거나 하면 학교 앞에서 기다려요. 그래서 보면 "김인숙, 김인숙" 불러가지고 자기 기다렸다고 막 여기다가 뽀뽀도 하고, "나 기다렸어" [하던 게] 그게 진짜 생생해요. 그렇게 다정하고 그랬던 아이가 없으니깐 그 허함은 어떻게 달랠 수가 없더라고요. 〈비공개〉 수진이의 다정함이 굉장히 지금도 그리워요. 집에 있으면 그립기도 하고 아쉽기도 하고, 누구한테 채울 수가 없더라고요. 어떤 대상으로써도 그건 채워질 수 없는 부분이잖아요. 근데 수진이가 내 가슴 속에 살아 있고 그렇다면 '내가 강하고, 내 자신에게도 더 신경을 써야겠고, 그래야겠다', 그리고 수진이는 엄마가 흐트러지고 그런 모습을 좋아하지 않거든요. 학교 갈 때든 언제든 항상 엄마를 자랑하고 싶어 했어요, 항상. 중학교 때도, 고등학교 때도, 친구들한테도. 그래서 제가 더 조금 신경을 쓰고 다니고 더 그렇죠. '우리 수진이가 원하는 모습이, 엄마 모습이 아마 조금 더 예뻐지려고 하는 그런 모습일거다' 그렇게 생각하니까.

면담자   천국 문이 가끔 열려서 어머니가 수진이를 볼 수 있는 기회가 있을까요?

수진 엄마   (한숨을 내쉬며) 아니요, 안 봤음 좋겠어요. 보면 너무 힘들 것 같아요. 천상병 시인 그 시 있잖아요, "단 하루만이라도 엄마가 내게 왔다면" 근데 그 시를 저는 정말 싫어해요. 하루 와서 뭐할 거예요, 더 힘든데. 그냥 그 마음 그대로 가지고 있는 게 낫지, 하루만 단 하루만 나한테 와서 나를 더 아프게 해놓으면 더 힘든 거잖아요. 그래서 그 아름다웠던 그 모습을 내가 그대로 간직하면서 '애가 잘 있을 거다' 그렇게 생각하고, 가끔 문이 열린다고 하면, 그때는 문이 열린다고 생각할 때는 저는 교회 가서 찬양할 때, 그때 저는 우리 수진이가 성가대에 서 있을 거라 그렇게 생각을 지금 하거든요. '우리 수진이가 엄마가 찬양하고 하나님 앞에 서 있을 때 우리 수진이 분명히 저기서 기뻐하면서 찬양할 거다' 그렇게 저도 생각해요.

그때가 만나는 시간이 아닐까요, 수진이랑 나랑 만나는 시간.

면담자   좀 엉뚱한 질문인데, 수진이가 항상 보고 있다고 생각하면 부담스럽지 않으세요?

수진 엄마   예, 그럼 힘들죠. 항상 보고 있다고 생각하면 제가 사무실에서 웃고 까불고 그런 것도 수진이가 본다고 하면 수진이가 속상해하지 않을까요? 그리고 동생들 예뻐하고, 수진인 그렇게 됐는데 엄마는 예쁘게 해야 된다고 뭐 고르고, 뭐 입고, 뭐 신경 쓰고 이런 거 보면. 그냥 제가 원하는, 제가 수진이를 보고 싶어 하고, 그리워하고 그런 시간에만 딱 만났으면 좋겠어요, 수진이랑 나랑.

면담자   어머니 맘대로 컨트롤이 되면요?

수진 엄마   (웃으며) 근데 그게 안 돼요. 며칠 전에도 △△ 앞에서 엄청 울었어요. 제가 지금은 다른 책을 잘 읽지 못하고. 갑자기 우리 아들도 책을 되게 좋아해요. 그래서 책을 사줬는데…. 이거 너무 늦은 거 아니에요? (면담자 : 아니요, 거의 마무립니다) 책을 사줬는데 거기에 일본 작가 책을 좋아하더라고요. 『돌이킬 수 없는 [약속]』이란 책이 있어서 그전에는 제가 다른, 제 마음을 제 자존감을 높이는 책, 인생에 관한 책, 그런 책을 읽다가 그걸 한번 읽었는데, 못 읽겠더라고요.

『돌이킬 수 없는 [약속]』[이] 책이 어떤 사람이 굉장히 곤란한 처지에 놓여 있어서 죽을 상황이, 죽을 상황이에요. 그런데 죽으려고 생각을 하는데 다리 위에서 한 노파를 만나요. 근데 그 노파가 굉장히 친절을 베풀어주면서 자기의 얘기를 하는 거예요. 그러면서 관계가 형성이 돼서 자기 얘기를 하는데 "자기 딸이 17살 때 어떤 두 괴한한테 잡혀서 아주 몹쓸 짓을 당해서 열흘 만에 찾았는데 죽었다. 근데 아주 처참하게 죽어 있다. 근데 그 사람들은 감옥에 갔는데 자기는 자궁암에 걸려서 시한부 인생을 받아서 복수를 못 한다. 내 딸의 복수를 네가 해주면 너의 신분 세탁을 다 해주고 네가 원하는 걸 다 해주겠다" 그래서 이 사람은 그걸 선택을 했어요. 선택을 해서 살다가 그 감옥에 갔던 사람들이 나온 거예요. 나와서 그 사람 "두 사람을 죽여야 한다" 그런 이윤데, 그런 책인데 책이 저하고 너무 안 맞더라고요. 그런 책은, 스토리가 있는 책을 지금 못 읽겠더라고요. 그래서 잠시 접어놨거든요.

그래서 지금은 기독교를 다니는데 (웃으며) 스님, 정목스님, 법륜스님 그리고 제가 되게 좋아하는, 그 돌아가신 분, 법정스님 되게 굉장히 좋아해요. 그 스님 책을 전에 읽었던 걸 지금 다시 읽고, 그리고 지금 스님들이 쓴 거 그리고 『다시 일어서는 용기』[라는] 누가 선물로 준 책이 있어요. 그런 책을 읽고, 인생에 관한 책을 읽으면서, 그러면서 제가 올해 조금 힘이 생겼어요. '아, 한 번뿐인 인생을 다시 살아야겠구나. 수진이를 잃었다고 인생을 허비하는구나. 어차피 내가 살아야 되는데 [내] 인생을 살아야겠구나' 그렇게 해서 지금 [노력하고 있는 중이예요]. 이야기가 딴 데로 흘러갔네요.

면담자   아닙니다. 오늘 구술 마무리하면서 꼭 듣고 싶었던 주제의 얘기를 해주신 거예요. 아주 잘 얘기를 해주셨고요. 또 눈물 엄청 흘리셨는데요.

수진 엄마   저 많이 안 울었어요. (면담자 : 예전에 비하면요?) 사무실에서도 맨날 어르신들 앞에서도 울고 "안아주세요, 저 안아주세요" 하고 지나가는 사람한테도 "저 좀 안아주세요" 그랬어요, 저 정말. 그래서 돌았다고 했을 거예요. 길 가다가도 "저 좀 안아주고 가세요" 그랬어요.

13
주변인, 유가족에 대한 생각

면담자   주변에서 무슨 얘기를 해도 서운하고 위로의 얘기를 해도 듣기 싫으셨을 것 같아요. 그래서 주변 사람들이 옆에만 가만히 있어 주길 바라셨을 것 같습니다. 그런 마음이 요즘에 어떻게 바뀌어가고 있는지 그런 얘기를 해주시면 어떨까 싶습니다.

수진 엄마   어떠한 슬픔을 당한 사람이 있다면 제가 겪어보니깐, 3년, 4년간은 아무런 말도 안 해주는 게 그 사람을 도와주는 것 같아요. 아무 말도 안 해주고 그냥 손만 잡아주는 게 가장 큰 위로고 가장 큰 응원인 것 같아요. 자기들 딴에는 이러쿵저러쿵 얘기한다는 것은 더 상처를 주는 일이에요, 정말로. 그래서 그런 사람들은 만나고 싶지 않죠.

면담자   요즘은 어떠세요? 요즘은 그런 부분이 많이 바뀌신 것 같은데요.

수진 엄마   예, 지금은 저희 복지관에 어르신들이 거의 알아요.

그리고 워낙 저를 예뻐해 줬어요. 어르신들이 정말 저를 예뻐해 줬어요, 아주. 그래서 "김인숙 선생님 일이라면 어디로든 따라가겠다" [하고] 정말 어머님들이 많이 지지해 주시고 그때[나] 지금도 어머님들은 연륜이 있으셔서 그런가 별말 안 해, 그냥 "밥 많이 먹어야 돼" 항상 그런 말씀을 해주시고. 그런데 저 같은 경우는 우리 가족들이, 우리 유가족들이, 가족들한테 상처를 많이 받은 것 같아[요]. 저 역시 이게 예민한 부분이고, 우리 가족들도 굉장히 잘 해주고 배려해 주고 하지만, 그래도 조금 [상처를] 많이 받은 것 같고⋯. 그 당시에 저한테 상처를 줬던 것은 벽이 딱 쌓이는 거예요. 그 전에는 어떠한 상처가 있었든 '그래 상처는 버려야 되고, 그러다 지나가는 거다' 그랬는데 내가 아이를 잃었을 상황과 그 조금 지났을 때, 그 틈에 제가 받았던 그런 말로 인한 상처. 거의 말이죠, 언어에 대해, 그런 상처는 지워지지가 않고 가슴에 담아두게 되더라고요(웃음). 그렇게 안 하려고 해도 제 스스로가 그렇게 벽이 형성이 돼요, 유리 벽이죠. 그니깐 보이지 않지만 '그래 여기까지만, 더 이상은 당신들한테는 나의 감정을 드러내지 않겠어' 이렇게 딱 벽이 쳐지게 되더라고요.

면담자　　　서로 상처받은 사람들끼리 표출하다 보니까 그렇게 되지 않았나 싶습니다. 그 김에 유가족들한테 한 말씀 남기시죠.

수진 엄마　　　저희 가족들이 조금은 주변을 돌아보는 가족들이 됐으면 좋겠어요. 주변을 돌아보기도 하고 내 자신도 조금 보기도 하고 사회도 보기도 하고, 그렇게 무조건 우리만 내세우거나 그러는 것은 옳지 않은 행동인 것 같아요. 전에도 그랬듯이 "유가족이면 뭐

든지 다 될 것이다" [하고] 안하무인처럼 전에는 그랬었잖아요. 상황
이 그런 상황이었을 수도 있지만 그래도 이제는 조금은 생각을 하고
행동하고, 말도 생각을 하고 말하고 그래야지, 우리 유가족을 생각
했을 때 어느 정도 "그래, 저 유가족은 이런 단체야" 이렇게 예전의
선입견이 안 좋았으니깐, 앞으로는 조금 더 "저 유가족들은 굉장히
좀 괜찮아졌어. 정말 진실한 가족들이야" 이렇게 좀 바뀌었으면 좋
겠어요. 물론 인성이라든가 품위를, 이런 말하기 그렇지만, 그게 이
사회에서 살아남기 위해서는 그렇게 돼야 돼요. 이렇게 확 올라갔다
확 내려가는 게 아니라 지긋이 묵직하게 자리 잡는 그런 가족들이
됐으면 좋겠어요.

면담자   어머니 욕심이 많으신 거 아니에요? (수진 엄마 : 아, 그
런가요?)

면담자   사람에 대한 욕심이 많으신 걸 수도 있죠. (수진 엄마 :
그죠) 유가족들 한 명 한 명이 소통할 수 있는 상태가 된다면 정말 좋
을 것 같아요.

수진 엄마   그건 맞아요. 그게 돼야 되는데, 그렇지 않기 때문에
제가 끼고 싶지 않은 거예요.

면담자   활동에 전혀 안 나가기 시작한 것은 언제부터세요?

수진 엄마   15년, 16년부터 거의. (면담자 : 15년 말, 16년 초요?) 네,
그때 우리 반에서 나가는 사람, 안 나가는 사람 그게 확연히 구분되
면서, 당직 때 갔는데 굉장히 안 해야 될 말로 상처를 주고 그런 부

분이 있어서 '아, 그냥 안 되겠구나, 나는 여기서 빠져야겠구나' 그런 생각이 절로 들었어요.

면담자   16년 초, 15년 말 그때의 상황이 안 나오기 시작한 유가족들에게 적극적으로 나오는 유가족들의 일부가 요구도 하고 비난도 하고 이런 상황이긴 했지요?

수진 엄마   그렇죠, 그러니깐 서로 그런 것 같아요. 어떤 대화를 통해서 너의 입장도 이해를 하고 나의 입장도 이해를 해서 그것을 중심을 이렇게 맞춰서 가면 좋은데, 그게 어긋나니까 같이 갈 수가 없는 그런 상황이더라고요. 제가 가족회의도 가봤는데, 그때 저는 싸우고 하는 거에 너무 질려가지고 그리고 안 나갔어요. 저는 몇 번 나가다 안 나가고 남편은 나갔는데, 그런 모습을 보니깐 '야, 여기 이거 안 되겠는데, 왜 이렇게 같이…' [하는 생각이 들더라고요]. 서로 소통이 중요하잖아요. 소통이 너무 안 되더라고요. 그래서 '이것은 너무 차이가 난다'[고 생각했죠].

면담자   최근에 임원을 다시 선출하기 위한 정기총회를 다시 했는데 그때는 혹시 가셨어요? (수진 엄마 : 아니요) 그때도 안 가셨어요?

수진 엄마   근데 교수님 그거 아시나 모르겠네요. 그 보상금 받은 쪽하고 안 받은 쪽하고도 이렇게 [갈리게] 됐잖아요. 저희는 그 당시에 그때 정부에서는 "빨리 받아야지 어떤 일이 해결이 된다"[고] 엄청 급하게 해서 저희도 마지막에 이렇게 한 거거든요, 그런 상황이었어요. 그러면 우리가 빨리빨리 정부에서, 빨리 이렇게 한다고 하니깐 해야 될 그럴 상황이어서 저희도 그런 거 별로 관심 없고 하다가 그렇게 하게 됐는데, 그런 걸로도 갈등이 많이 생기게 됐잖아요, 그것도 조금.

면담자   배·보상을 받으신 분들에 대한 직접적인 비난 같은 게 유가족들 사이에 있었죠.

수진 엄마   그죠, 네, 맞아요. 우리는 그거에 대해서 죄인인 것 같기도 하고, "자식을 잃었는데 돈 저기 한다고 해서 냉큼. 너네들은 다른 거 생각도 안 하고 우선 돈부터 챙겨서 너희 사리사욕을 챙기지 않았느냐" 이렇게 된 걸로 [되어] 있으니깐.

면담자   그건 맞지 않은 평가이긴 한데요.

수진 엄마   일부분이 그렇게 얘기를 하는 거고, 저는 성향 자체가 저보다는 항상 그 사람의 입장, '맞아, 그럴 수 있어' 그걸 먼저 생각하니깐, '맞아, 그럴 수 있어' 우리들은 직장생활 하고, 이런저런 핑계 대고 안 갔는데 그 사람들은 엄청 많이 힘들었잖아요. 거기에 대한 충분한 대가하고 보상이, 저희 남편하고도 그렇게 생각했어요. 처음엔 저희도 조금 허탈하고 그랬지만 "그래 잊어버리자, 그 사람들은. 우리는 이렇게 편하게 지내는데 그 사람들은 얼마나 노력하고 시간 쪼개가면서 직장 없이 그렇게 했으니깐 충분히 그만큼 보상을 받아야 된다" 이렇게 (웃으며) 위로도 하고 그랬죠.

면담자   현실적으로는 국가배상 소송에 들어간 사람들은 이제 판결이 났고, 이미 배상을 받은 사람들은 그에 따라서 따로 소송을 해야 하는데, 다른 소송이 계기가 되어서 다른 조직을 만들 수 있지만, 배상에 소송을 미리 했던 분들과 모두가 하나가 돼서 유가족들의 투쟁을 이어가야 한다는 생각은 하지 않으셨나요?

수진 엄마　　당연히 한 묶음으로 가야 돼요, 당연히 그건. 지금은 여러 가지 각자 우리가 경황이 서로 없기 때문에 그런 선택을 하고, 어떤 선택이 옳은지는 모르니까 서로 다른 길로 갔지만, 어차피 우리는 똑같은 아픔을 갖고 있잖아요. 아픔이 똑같기 때문에 같이 가야 돼요. 같이 가야 된다고 생각해요.

면담자　　가협[4·16세월호참사가족협의회]에서는 미리 소송을 해봤으니깐 지금 다시 소송을 하는 분들께 조언을 해주고 준비를 도와줘야 한다고 생각하시겠네요?

수진 엄마　　맞아요, 그렇게 하면 좋은데 그 사람들 입장에서는, 일부는 "그렇게 해서 같이 가자" 이런 사람이 있을 수도 있지만, 그렇지 않은 사람이 있을 수 있잖아요, 그러니까 하나 되기가 어려워요, 뭐든지 그런 것 같아요. (면담자 : 어머니의 역할이 커 보입니다) (웃으며) 제가 중립, 저희 9반에서도 중립이었어요, 전 이쪽에도 언니들하고 연락하고 이쪽에도 연락하고 다. 저는 가운데 있었거든요. 그랬는데 안 되더라고요. 어느 한쪽 언니들이 질투를 하고, 이쪽에 가면 이쪽이 서운했던 걸 얘기를 하고 그래서 지금은 어느 쪽에도 안 가요. 한동안은 그 역할을 하려고 조직가, 주민조직가 아시죠? [제가] 조직가예요. 그래서 '9반을 조직하고 유가족을 조직해 보겠다, 내가 조직가로서' [하고] 원대한 꿈을 꾸고 했었는데 제가 당사자이다 보니깐 안 되더라고요. 그래서 '아, 우리 가족 조직가는 내가 안 되겠구

나' (웃으며) '다른 데 조직은 하겠는데 내가 당사자여서 안 되겠구나'
해서 못 했어요. 하려고 노력은 하다가 안 되겠더라고요. 그래서 못
했어요.

면담자   1차 구술로는 정말 장시간이었어요. 되게 차분차분
말씀을 끝까지 이어주셔서 너무 감사드립니다. 1차 구술 좀 마무리
하려고 하거든요.

수진 엄마   제가 한 가지를 얘기하면 여러 가지 샛길로 잘 가는
타입이라서(웃음).

면담자   전혀 그러지 않으셨어요. 이야기가 잘 이어졌습니다.

수진 엄마   애쓰셨습니다.

면담자   고맙습니다. 이것으로 마무리하겠습니다.

2회차

2019년 3월 25일

시작 인사말

면담자　　　본 구술증언은 4·16 사건에 대한 참여자들의 경험과 기억을 기록으로 남김으로써 이후 진상 규명 및 역사 기술에 기여하고자 합니다. 지금부터 김인숙 씨의 증언을 시작하겠습니다. 오늘은 2019년 3월 25일이며, 장소는 안산시 단원구 교육지원청 4·16기억교실입니다. 면담자는 김익한이며, 촬영자는 강재성입니다.

근황

면담자　　　1차 구술하고 오늘 이어서 뵙게 되었는데요, 주말은 어떻게 보내셨어요?

수진 엄마　　　주말에 되게 아팠어요, 저. 금요일부터 너무 아파서 병원에 가서 주사 맞고 (웃으며) 이렇게 하고, 토요일은 아예 못 일어날 정도로 아파서 누워 있고, 어제는 겨우 교회에 갔다가 와서 또 누워 있고 (웃으며) 그러니깐 이런 일이 있으면 심적으로도 물론 그렇지만 몸이 못 견디는 것 같아요, 항상 보면. 이렇게 하고 나면 한 일주일은 광장히 않아요, 이렇게.

면담자　　　참사를 직접 경험하지 않은 사람들은 마음의 고통이 몸으로 나타나는 거에 대해서 잘 이해를 못 할 수 있어요. 몸의 현상이 어떻게 나타나나요?

수진 엄마   몸이 일단은 무기력해진다고 할까? 뭔가 의욕이 없어요. 그리고 힘이 없고 아무것도 못 해요, 아무것도 못 하고 그냥 가만히 누워 있고만 싶고. 머리 아프기도 하고, 가끔 우니까 물론 머리가 아프지요. 근데 아무것도 할 수가 없는 상태? 그러니깐 잠시 넣어뒀던 걸 끌어내면 그때 그 상태 있잖아요, 아이 잃고 힘들어했을 때 그때처럼, 그 상태가 그대로 돌아오는 것 같아요. 아무것도 하기 싫고, 아무것도 못 하고 그런 게 나타나요.

면담자   두통뿐만 아니라 어깨나 허리에 통증 같은 것도 느껴지시나요?

수진 엄마   그렇죠. 그때는, 제가 진도에 있을 때도 [왼쪽으로] 쪼그리고 [누워] 있어 가지고 이쪽이 다 아파서 병원을 다녔어요, (손으로 왼쪽 어깨를 가리키며) 여기가 아예 뭐가 끊어졌다고 해가지고. 항상 쪼그리고 있었으니까요. 그러기도 하고, 울렁거리고 토할 것 같기도 해서 약을 먹고, 그때 상태하고 비슷하게 증세가 꼭 오더라고요, 힘든 시기가 되면.

면담자   수진 어머니가 진도에 도착하셔서 굉장히 오래 누워 계셨잖아요. 그 상태가 재현된다고 말씀을 하시는 거죠?

수진 엄마   네, 맞아요. 그런데 몸은 그런 상태인데, 일단 아이가, 동생이 있으니깐 일어서서 그 모습을 보여야 되지 않잖아요. 그러니깐 그게 더 힘든 거죠. '아이 앞에서는 그런 모습을 보이면 안 된다'

그걸 제[가] 계속 주입을 하다 보니깐, 일어서긴 해야 하는데 몸은 안 되고 그러니깐 그런 게 힘들지요.

면담자   어머니가 지금 겪고 있는 고통을 세상이 공감할 수 있도록 하는 것이 중요해서 구술을 하는 건데, 힘들어하시니 죄송스러워지네요.

수진 엄마   맞아요(울음). 너무 생각이 나서, 계속 너무 생각이 나가지고 너무 힘들더라고요.

면담자   교회 가서는 하나님께 기도를 많이 하셨어요?

수진 엄마   그냥 멍하니 앉아 있었어요. 왜냐면 교회에 가도 곳곳이 수진이의 모든 게 묻어 있으니깐 멍하니 앉아 있었어요. 멍하니 앉아 있다 왔죠, 주말에. (면담자 : 몸과 마음, 생각이 정지되는 거네요) 그렇죠(울음).

면담자   진도체육관에서도 팽목항에서도 아이들을 적극적으로 구조하도록 하기 위해서 싸우는 유가족분들도 많지만 대다수의 유가족들은 아무것도 못 했다고 하셨거든요.

수진 엄마   맞아요, 어떻게 할 수가 없었어요. 그냥 바보가 돼서 "어떡해, 어떡해, 어떡해" 항상 "어떡해, 어떡해" 그 말만 계속 저도…. 일어나 있으면 "어떡해, 수진이 어떡해" 그 말만 계속 했었어요.

면담자   교회에 가서 앉아 계시는 것만 해도 위안은 되시지 않아요?

수진 엄마   수진이 동생 때문에 엄마가 일어서야 된다는 그 모습을 보이기 위해서 제가 더 이를 악물고 가요. 사실은 어제도 가고 싶지 않았거든요. 그냥 눕고 싶었어요. 항상 4월 16일 이때가 돌아오면 제가 교회를 못 가요. 계속 못 갔어요, 갈 수가 없었어요.

3
장례 이후

면담자   장례 지내고 난 다음에 얘기를 질문드리려고 합니다. 장례 끝나고 좀 쉬셨나요?

수진 엄마   병원에 갔었어요, 그날 집으로 왔는데 동생이 목포에서 제부랑 아예 모든 걸 다 스톱하고 와서 있었는데, 그날 우리 가족들이 다 식사를 하러 갔는데 밥을 먹다 제가 다 토했거든요. 그렇게 하고 누워 있으니깐 형님들이랑 고모부랑 "입원을 시켜야 된다" 그렇게 해서 일주일간 병원에 있었어[요]. 일주일 좀 넘게 있었나? 그렇게 있었던 것 같아요.

면담자   그렇게 입원을 해도 병명은 나오지 않죠? 그냥 쇠약 상태라고 했나요?

수진 엄마   그때는 유가족이라고 하니깐 영양제 주고 안정 그것만 조치를 취해주고 그때 상담, 정신과 선생님 오셔서 가끔 얘기해 주시고 그래도 그런 말도 도움이 되지도 않았고 그랬는데, 그냥 오셔서 "오늘은 기분 어떠세요?" 그런 간단한 거 이렇게 묻고 그랬었어요.

면담자 　정신과 의사 선생님이 젊으셨어요, 연세가 좀 있는 분이셨어요?

수진 엄마 　젊었어요. 여자분인데 무슨 말씀을 별로 안 하시고 그냥 "오늘은 기분 어떠세요?" 그 정도로만.

면담자 　말을 시키고 이야기를 들어주고 하는 게 정신적으론 도움이 되었어야 되는데 어머니는 크게 도움이 안 되셨나요?

수진 엄마 　네(웃음). 그때는 아무것도 도움이 되지 않았고 주변에 사람들도 어떤 행동을 하는 것도 들어오지도 않았고, 그때는 모든 게 멈춰 있다고 생각했어요. '이 세상은 멈춰 있어. 지금 멈춰 있어' [하는 느낌이었는데] 그런데 시간은 돌아갔더라고요, 아침이 되고 저녁이 되고. 근데 저는 항상 눈만 이렇게 뜨고 있으면 멍하니 그 생각, '수진이 없어, 수진이 없어' 그 생각만.

면담자 　가정에 최소한의 상황이 유지가 되어야 하는데 친정 오빠네가 와서 전담을 해주셨나요?

수진 엄마 　여동생이, 동생이 하고, 동생이 아이들 학교 때문에, 제부 직장 때문에 오랜 시간은 못 있고, 한 2주인가 있다가 가게 됐어요. 그러면 가족들이, 시누 형님들이 돌봐주기도 하고 교회에서 집사님들이 오셔서 아침에 아이들 학교 가면 와서 빨래해 주고 청소해 주고 점심 같이 먹고 저녁까지 준비해 놓고 가면, 수진이 아빠가 저 밥 차려주면 먹고 누워 있고…. 주변에 (한숨을 내쉬며) 좋은 사람들이 되게 많으셨어요. 늦게까지, 12시까지 학원 하는 저희 의자매 언니랑 형부도 학원 11시, 아니 10시에 끝나면 와서 12시까지 [같이 있어 주고], 그리고 가게 하는 언니도 가게 끝나면 와서, 꼭 와서 1시간, 2시간 나랑 있다가 가고, 거의 한 달 두 달을 그렇게 지속적으로 돌봐줬던 기억이 나요.

면담자　　도와주시던 분들 말씀 중에 서운하고 그런 건 혹시 없으셨어요?

수진 엄마　　(한숨을 내쉬며) 그런 건 없고, 그때는 서로 우리 수진이 방이 그대로였으니깐, 저희가 정리를 못 하니깐 수진이 친구 오라고 해서 A나 B 오라고 해서 "A야, 네가 뭐 좀 봐", 정리를 해서 보내줘야 될 건 있잖아요, 그래서 그런 거 다 같이 정리하고. 그때는 서운하거나 그런 말을 누구도 하지 않고 다 울었으니까요, 그때는. 왜냐면 수진이를 아는 주변 사람들이니깐 수진이 연필 보고도 울고, 벗어놓은 스타킹 보고도 울고, 그래서 그때는, 제 주변에서는 서운한 걸 못 들었는데, 한날 제가 너무 못 먹고, 아들 △△도 뭘 먹여야 되고 해서 장어를 먹으러인가 한 번 겨우 나갔어요. 그랬는데 거기서 세월호에 대한 TV가 나오는데 옆에 아저씨들이 뭐 "아, 세월호" 그런 얘기, 남들이 하는 얘기 조금 안 좋은 소리를 자꾸 하면서 하길래 저는 눈물만 나오더라고요, 그 당시에도. 근데 우리가 세월호 가족이란 걸 티를 못 내잖아요.

　　겨우 하나라도 먹으려고 했는데 목에 확 걸리고 눈물이 나서 겨우 △△만 이렇게 구워서 한두 갠가 먹고 왔던 생각이 나고…. 수진이 아빠도 한숨만 쉬고 소주만 그때 한 병 시켜서 혼자 먹고 그렇게 왔던, 그랬는…, 그렇게 서운했던 적은 그때였던 것 같아요.

면담자　　주변에선 아이를 잃은 고통에 대해 공감하는데, 세상은 그렇지 못했네요. (수진 엄마 : 그렇죠) 공감하고, 못 하고 그 차이는 어디서 온다고 보시나요?

수진 엄마　　본인이 아니고, 본인이 정말 아는 사람이 아니기 때문에…. 우리도 그렇잖아요, 뉴스에서 하도 사건 사고도 많고, 그런데 '그건 남의 일이고 나한테는 절대 일어나지 않는 일이야' 이렇게 생각하기 때문에…. 그리고 그렇게 크거나 힘든 일을 당해보지 않은 사람들이기 때문에 쉽게 그 얘기하지 않았나.

면담자　　우리 사회가 공감 능력이 떨어지는 사회인 것 같아요. 그런 분들에게 한 말씀 하시고 싶은 거 혹시 있으세요?

수진 엄마　　(한숨을 내쉬며) 그런 분들은 이미 본인들의 가치관이 형성이 됐기 때문에 아마 고칠 수가 없어요. 그렇게 얘기했던 분들도 다 50대 이상의 어르신들이 그런 얘기를 하지, 지금 40대거나 지금 10대, 10대는 지금 모르겠어요, 그런데 20대, 30대, 40대는 많이 변했을 거예요, 인성이라든가 이런 부분도. 그런 분들은 공감이라든가 사회에 대해서 서로 동조하고 그런 면이 있는데(한숨 쉬며), 60대, 70대는 아마 변하지 않을 것 같아요. 아무리 우리가 얘기한다고 해도 (웃으며) 변하지 않을 것 같아요. (면담자 : 참고로 저도 올해 60대입니다) 그러세요? 또 예외가 있어요(웃음).

KBS 관련 농성

면담자   2014년에 KBS 김시곤이라는 보도국장이 세월호에 대해 망언을 해서, 5월 8일에서 9일 KBS 본관 항의 방문 및 청와대를 향한 도보 시위가 있었어요, KBS 앞에서 청운동까지 가서 첫 농성 시위를 유가족들이 했는데 그때 가시지는 못하셨죠?

수진 엄마   저는 그때는 일 때문에 거의 그런 건 개입을 못 했죠.

면담자   김시곤 보도국장의 망언과 공영방송에 대한 생각, 그리고 유가족들의 즉각적인 대응에 대해 어떤 생각을 하셨나요?

수진 엄마   방송이라는 게, 방송이, 언론이 가장 큰 역할을 하잖아요. 우리가 세세히 알지 못하면 이 방송을 보고 모든 사람들이 판단을 하고 하는데, 근데 그 사람이 정말, 사람 개인의 생각이었는지 아니면 그 사람도 누군가 지시에 의해서 그런 말과 행동을 했는지 그걸 잘 모르겠어요. 제가 봤을 때는 그 사람 개인적인 행동이나 발언이 아니었을 것 같아요. 모든 게 다 체계가 있잖아요. 근데 우리 유가족들 입장에서는 뭐든지 조금만 우리에게 상처를 주면 그 당시에는 무조건 일어서야죠. 잘못된 건 잘못됐다고 얘기하고 그렇게 되어야죠. 우리 가족들은 그 당시에는 잘했다고 생각해요. 지금은 약간 녹여서 그런 걸 해야 되는데 그 당시에는 그럴 때는 즉각 우리의 목소리를 내고, 힘을 합치고, 그런 게 더 옳았다고 생각해요, 그래서 아마 지금 이렇게 많이 변화가 되지 않았나….

면담자　　　'녹여서'라는 건 어떻게 하라는 말씀이세요?

수진 엄마　　(웃으며) 그때는 굉장히 저희가 강경했잖아요, 모든 걸 할 때. (면담자 : 단결도 다 잘 됐고요) 예, 근데 지금은 완만하게 둥글려서 표현도 하고 그랬으면 좋겠다, (웃으며) 전에도 제가 말씀드렸지만 너무 강하게 그렇게 나가선 안 돼요, 안 될 것 같아요.

면담자　　　투쟁을 지속하려면 둥글어지는 게 필요하다는 말씀으로 이해해도 되겠습니까?

수진 엄마　　네, 맞아요. 그러니깐 일단 우리가 가지고 있는 것을 함축을 시켜서 단단해져야 돼요. 단단해야지 어디 가서도 얘기할 수 있고 그러지 단단하지 않은 상태에서 불쑥불쑥 얘기한다는 것은 아마 세상이 알아주지 않을 것 같아요, 이제는.

5
자신의 삶을 되찾게 된 시기

면담자　　　수진 어머니가 '울맘'으로 진도에서도 안산에 와서도 유명하셨는데, 그러다가 다시 아이 엄마로, 김인숙이라는 사람으로 돌아오신 게 언제 정도예요?

수진 엄마　　올해, 올해인 것 같아요, 올해. (면담자 : 오래 걸리셨군요) 예, 오래 걸렸어요. 제가 진도에서 그렇게 있고 여기 와서 수진이 5월 달에 찾고 그리고 7월 25일 날, 그때 최성우 관장님이었는데 그때 나오라는 거예요. 저는 "싫다"고, 저는 "자식을 잃었는데 뭘 하겠느냐. 나는 아무것도 지금 할 수가 없다" 그랬더니 "무조건 나와야 된다, 무조건 나와야 된다" 그래서 2014년도에는 정말 사무실 가서도 아무것도 하지 않았어요. 우리 직원들이 나 태우러 오고 태워다주고, 도중에 울면 데려다주고…, 정말 아무것도 안 했어요. 그렇게 생활을 하고 2015년이 되고 그랬는데도 16년, 17년도 거의 제 자신을 찾지 못하고 수진이를 잃은 엄마로만 그렇게 살았거든요. 그러니깐 길었죠, 3년, 4년이 됐으니까.

근데 올해가 5년이잖아요. 19년도 되면서 조금 제가 정신을 차렸어요. 주변을 보게 되고 일단 저, 수진이 엄마가 아닌 제가 김인숙이거든요, 그래서 저에 대해서 제 삶을 [보아야 되지 않나]…. 어차피 제가 따라가지 못해요. '수진이를 따라가지 못할 거면 제가 살아야겠다' 이런 마음을 갖게 됐죠. 그래서 저는 올해 조금 힘을 찾고, 올해 비로소 ○○이, △△ 정말 애들한테 '돌봐야겠구나' [싶었어요]. 그리고 애들한테 소홀히 했던, 뭘 했던 간에 무조건 수진이를 제 1순위로 놨는데, 아이들은 묵묵히 엄마가 항상 수진이 언니, 누나 이렇게 수진이만 챙기니깐 아이들은 그냥 아무 말도 안 했어요. 그런데 올해 들어서 생각해 보니깐 '이 아이들한테도 엄마가 굉장히 필요한 시기인데', 이 시기를 제가 정말 놓쳤어요. 그래서 '애들한테 진짜 정성을 쏟아야겠구나' 그렇게 올해 다짐을 하고 올해 정신을 차렸죠.

면담자   아무것도 안 하셨다고 하시지만 복직하셔서 어르신들 만나기도 하셨을 것 같은데요.

수진 엄마   출근하면 제가 맡은 사업이 기관 내의 어르신들 일하시는 거 그거, 카페 운영하는 거 제가 맡았거든요. 그래서 어디 나가거나 그런 업무가 아니라서 행정이라든가 이런 거 하고, 어르신들 한 달에 한 번씩 와서 활동 잘 하셨나 간담회 하고 같이 나누고, 그런 걸 해서 어렵진 않았고…. 그리고 저하고 만나는 어르신들이 굉장히 고학력자이셨어요, 복지관에서도 다. 그래서 그분들도 우리 수진이를 잃은 것에 대해서 굉장히 저에게 안쓰러워해 주시고, 같이 손잡고 울어주시고 그런 분들이고 그래서 그런 분들, 그런 선생님들 때문에도 제가 기관에서 힘도 얻고 잘 견뎠어요.

면담자   업무를 보시다가 오프라인 모임 같은 게 있었을 거 아니에요. 그게 혹시 언제쯤인지 기억이 나세요? 한 8월 여름 정도일까요?

수진 엄마   네, 우리 선생님들이 만 원씩을 해가지고 수진이 그때 [장례식 때] 해가지고 오셨더라고요. 수진이 장례식 때는 저도 정신이 없어서 몰랐는데 만 원씩…, 그 어르신들이 돈이 있음 얼마 있겠어요, 돈 벌면 얼마 벌겠어요. 근데 만 원씩 해가지고 거기다가 편지를 다 써가지고 '김인숙 선생님, 한없는 그 슬픔을 무슨 말로 위로를 하겠습니까' 해서 요렇게 장문의 한 장을 써서 가지고 왔었던 게, 나중에 제가 알았어요. 그래서 제가 그 어르신들한테 감사의 마음으로 손수건을 다 한 장씩 준비를 해서 손수건을 드리면서 이런 말을 했죠. "제가 선생님들 덕분에 이렇게 잘 견디고 잘 왔습니다. 제가 손수건을 드리는 이유는 혹시 제가 지나가다 울 때 저의 눈물도 닦아주시고, 혹시 이 손수건을 들고 다니시다가 슬픈 사람 있으면 손수건을 내어주는 사람들이 됐으면 좋겠다"고, 그렇게 하고 그때도 울었던 것 같아요, 우리 선생님들도 울고, 저도 울고. 근데 그때 만나서 되게 반갑고 그랬어요. '든든한 힘이 있구나. 정말 혼자가 아니고 지지해 주는 사람들도 많구나' 그랬었어요.

면담자   타인의 고통을 공감하면서 어르신들이 흘리는 눈물, 수진 어머니께는 그런 게 어떻게 느껴지셨는지요?

수진 엄마   그 당시에는 다 그냥 제 마음 같다고만 생각했어요, 그냥 다.

면담자   마음의 나눔들이 쌓여가면서 세상에 대한 미움을 가시게 해주시지는 않았나요?

수진 엄마   저는 이것도 참 행복인 것 같아요. 제가 일어설 수 있는 원동력이 된 게 물론 첫째가 가족이죠, 그리고 주변 사람들이고. 그리고 저는 이 저희 복지관 기관에서 굉장히 힘을 많이 받았어요. 그래서 저는 미움이라든가 그런 좋지 않은 소리를 들어보지 않았어요. 항상 나가면 저를 위로해 주고 힘을 주고 손잡아 주고 그래서, 세상에 [나가서] 이렇게 활동하시는 분들은 굉장히 상처를 많이 받았지만, 저는 그 울타리 안에 있으면서 힘을 많이 받고 위로도 많이 받았어요.

6

국회 농성과 광화문 농성

면담자　　　거의 같은 시기인데 7월 12일부터 119일간 4·16특별법 제정 촉구 단식 농성이 국회 본청과 광화문광장에서 있었습니다. 그런 일을 겪으시면서 세상에 대한 미움이 있으셨을 것 같아서요. 어머니는 국회 농성장 같은 데 가서 어떤 느낌을 받으셨는지 말씀해 주시면 좋겠어요.

수진 엄마　　　(한숨 쉬며) 국회에 갔을 때 저희 유가족들이 주변에서, 굉장히 그때 더웠거든요, 더운 땐데 화장실도 못 들어가게 했어요, 그때. 화장실 급한데 화장실도 못 들어가게 하고, 어디로 해서 그쪽[의원회관]으로 가고 겨우…. 그런 논쟁도 아주 기본적인 것도 우리를 차단했어요 거기에서는, 그래서 그런 것도 미웠고…. 아예 우리들이 있는 것은 뭐라고 해야 되나? '항상 어떤 일이 있으면 개미떼처럼 다 몰려와서 또 그러다가 말아' 이런 식으로 보는 것처럼 느껴졌어요, 국회의원들은. '그래 저 애들 저러다 말겠지' [하는 것 같았어요]. 근데 우린 안 그랬잖아요, 끝까지 갔잖아요. 그래서 '그 사람들이 정말 자기 자식들을 잃거나 그랬으면, 그리고 정말 사람이라면 우리들을 그렇게 대했을까, 정말 권력 때문에 그럴까?' 권력이 사람을 다 망가뜨리는 것 같아요.

면담자　　　엄마, 아빠들은 국회에서 농성을 하면서도 노란 배를 접기도 하고, 국회 주변을 아름다운 작품처럼 꾸미셨잖아요. 그걸 보시고는 어떠셨어요? 어머니도 같이 접고 그러셨어요?

수진 엄마   네, 그때 그런 것도 하고, 그때는 그나마 우리 가족들이 그걸 함으로써 우리들이 스스로 그냥 위안을 삼지 않았나? '그런 거라도 우리가 해야지 살겠다, 아무것도 안 하고는 진짜 우리가 제대로 살 수 없어서 그런 거라도, 어떤 거라도 해보자' 그래서 그런 것도 하고, 행진도 하고 여러 가지를 했잖아요. 그래서 그거 함으로써 '우리가 스스로를 위로하고 우리 스스로에게 조금이라도 힘든 것 보상해 주자' 그런 의미가 아니었을까….

면담자   그때 9반 대표가 누구였는지 기억나시나요?

수진 엄마   9반 예지 엄마, 예지 엄마가 대표, 그리고 수진이 아빠가 그 총무 계속하면서 시장 보러 다니고 (웃으며) 그랬었죠. (면담자 : 9반 분들도 많이 나오셨죠?) 네. 거의 다 나왔었어요, 한두 명만 안 나오고 거의. (면담자 : 거의 20명 넘게 계셨겠네요?) 그리고 저희 9반이 단결도 되게 잘 됐었어요. 그리고 서로 위해주고 그랬었어요.

면담자   예지 엄마라면 학교 쪽에 사시는 분 아닌가요?

수진 엄마   예지 엄마? 지금 어디 사나?

면담자   예지 엄마가 반 대표를 계속하지는 않았죠?

수진 엄마   예. 예지 엄마가 하다가 윤희 엄마가 하다가 지금은 은정 엄마가…. 다 그게 힘드니깐, 이끌어가는 게 힘들잖아요. 그래서 안 하려고 하고 그랬었죠.

면담자   수진이 엄마 입장에서 보면 다 언니들이네요. (수진 엄마 : 네, 그렇죠) 많이 챙겨주셨어요?

수진 엄마   어떤 일 있으면 꼭 연락을 해주고, 저는 항상 가운데 있는 (웃으며) 상태여서, 이쪽에 빠지거나 저쪽에 빠지거나 않고 항상 가운데 있어서, 언니들이 이쪽 언니들도 연락하고 저쪽 언니들도 연락하고 그랬었어요.

면담자   저쪽이라면 어디를 의미하세요?

수진 엄마   지금은 활동한 쪽하고 하지 않은 쪽하고 언젠가부터 의견이 갈라져서, 지금 잘 만나지 않고 그렇잖아요, 그런 쪽(웃음).

〈비공개〉

7
'4·16가족협의회', 프란치스코 교황 방문, 유민 아빠

면담자   그게 15년도죠? 그러니까 4·16세월호참사유가족대책위원회에서 4·16세월호참사가족협의회로 바뀌면서 사단법인을 만들잖아요. 그때는 수진 어머니께서는 가입을 하신 상태셨어요?

수진 엄마   저흰 안 했어요. 저는 하고 싶었는데 남편이, 남편하고 저하고도 의견이 갈렸었거든요. 저는 무조건 '우리 가족들하고 함께 가야 된다' 그런데 남편은 그게 아니었어요. 남편이 초창기에 활동을 하다가 여러 가지 자기하고 맞지 않는 부분을 많이 봤나 보죠. 그래서 자기는 빠지겠다는 거예요. 그래서 저는 "하자" 그러면 [남편은] "너 맘대로 해라" 그래서 그걸로 다툰 적이 있어요, 남편하고.

면담자   수진이 아버지는 사단법인을 만들어서 가자는 의견의 유가족들과는 다른 생각을 갖고 계셨다는 거네요?

수진 엄마   네. 그리고 사실 우리 유가족의 힘으로는 굉장히 우리가 역량이 굉장히 부족해요. 그래서 많은 시민들과 주변에서 같이 도와줘야 되는 거잖아요. 그런데 우리 유가족의 의견보다는 주변의 시민들이라든가 그런 데의 더 입김이라든가 더 그쪽에서 일했던 사람들의 그런 뭐라고 해야 되나? 그 사람들의 의견이 더 강하게 나가다 보면 그쪽으로 우리가 쏠려서 갈 수도 있잖아요. 그런 부분도 아마 남편은 염려를 했던 것 같아요, '주체가 우리가 아니고 아마 그쪽으로 끌려갈 수도 있을 거다' 그런.

면담자   8월 15일에 [4·16]특별법 제정 촉구를 위한 범국민대회가 광화문광장에서 있었어요. 낮에 프란치스코 교황이 방문을 했었죠. 프란치스코 교황이 광화문에서 시복미사를 할 때의 상황을 기억하세요?

수진 엄마   네. 그때 저희가 새벽, 저녁엔가 버스를 타고 가서, 세종문화회관 지하에서 거기서 우리 자고 그 바닥에, 참 그때 고생했던 것 같아요. 그때 화장실 그게 해결해야 될 가장 기본적인 건데 그것부터가 힘들었고, 계속 그 자리를 지키기 위해서 우리가 무리를 지어서 있었고, 뙤약볕에. 우리는 그때 유민이 아빠가 교황 만났잖아요. '뭔가 좀 해결이 됐으면 좋겠다, 뭔가' 그랬는데, 그것도 해결이 되지는 않았잖아요, 그래서 그 점도 안타깝고. 유민 아빠가 그렇게 그쪽[청와대] 가려고 하는 것도 저지하고…, 정말 그때는 우리 맨날 국회 아니 "청와대 파괴해야 된다"고 (웃으며) 그랬어요. "김정은은 뭐 하냐, (웃으며) 그쪽에 폭탄 터트리지, 장난만 하고 있나?" 그랬었어요, 그때.

면담자　유민 아빠가 초인적인 단식을 했었는데 이야기는 나눠보신 적이 있나요?

수진 엄마　아니요. 모르는 상태니깐 거의 가서 얘기는 하지 않고 앉아 있는 것만 보고, 저희도 광화문 거기에서 항상 뭐 접고 그랬었으니깐. 저도 사무실에서 일주일에 한 번씩 우리도 복지사들이 우리 반을 맡았다고 했잖아요. 그래서 그때 우리 최보혜 팀장이 우리 맡겼을 때 저 데리고 "광화문 놀러 가자, 바람 쐬러 가자" 그래서 가고, 지금은 최신애 팀장이 지금까지도 열심히 하고 있고…. 그래서 그때 광화문 돌아다니면서 단식하시는 분들 보기만 하고 그랬었죠. 직접 말하거나 그러진 않았죠.

면담자　그 당시에 유민 아빠가 이혼을 해서 유민이와 동생을 직접 키우지 않았다는 거 가지고 세상에서 비난을 많이 한 상황이 있었잖아요. 그걸 보고는 어떠셨어요?

수진 엄마　(한숨을 내쉬며) 그런 비난이 있었다는 걸 제가 나중에 알았어요. 저는, 아빠니까, 아빠고 엄만데 그렇게 자식을 잃었는데 그게 무슨 소용 있어요. 키웠든 안 키웠든 자식을 잃었잖아요. 그 슬픔은 똑같애요, 다 똑같애요. 한 치도 틀림이 없는데 왜 그걸 가지고 이러쿵저러쿵 얘기했는지, 정말 할 일 없는 사람들이었어요, 그렇게 얘기한 사람들은.

면담자　　　유민 아빠 본인은 얼마나 큰 상처가 됐을까 그런 상상이 드네요.

수진 엄마　　　그러니까요(한숨). 다 똑같애요, 다 똑같애요, 다 똑같애. 저, 다른 엄마, 아빠들 한 치도 틀림이 없어요, 그 마음은. 똑같을 거예요, 아마.

8
복지관 이야기, 특별법

면담자　　　복지관 얘기 조금만 했으면 하는데요. 복지관에서는 주로 어떤 활동들을 했어요?

수진 엄마　　　저희 기관에서는 일단 분향소, 목요일마다 분향소를 계속 갔어요. 목요일마다 무조건 우리 최성우 관장님이 "다른 일 필요 없다. 우리는 끝까지 가야 된다" 이렇게 해서 100회를 갔어요, 100번을. 항상 가서 아이들한테 분향 다 하고 그래서…. 우리, 저는 안 갔어요. 저는 사무실 지키고, 다 가서 갔다 오면 한 2, 30분 걸리더라고요. 다 가서 아이들 처음에는 저희 수진이만 봤을 거 아니에요. 근데 그때 가면서 하나하나 '아, 누가 있었구나, 아, 누가 있었구나' 그걸 나중에 다 '아, 많은 아이들이 있었구나' [하고] 이름을 알게 됐다고 그러더라고요. 그랬고 어떤 활동이 있거나 모임이 있거나 그럴 때는 거의 참석을 했어요. 중앙 광장 여기, 중앙역 거기에서 있다 그러면 꼭 나가고, '우리함께' 거기도 캠페인 할 때도 저희 직원들 거의 나가서 하고⋯. 굉장히 적극적이었어요, 다른 복지관보다는. 명성교회 김홍선 목사님이 제일 우선순위로 우리 세월호를 생각하신 분이라서, 지지를 굉장히 많이 해주셔서.

면담자 9반을 케어하는 역할을 하셨다는 건 구체적으로 어떤 일들이었어요?

수진 엄마 우리, 제가 신애 언니라고 하는데, 최신애 팀장님, 우리 9반 그때는 당직을 분향소에서 당직을 계속 했잖아요. 그러면 와서, 음식도 사 가지고 와서 같이 먹으면서 얘기하는 거 들어주고 있었어요. 어떤 행동을 한다거나 그런 건 없었고 가서 같이 있어주고 술도 같이 마셔주고 그랬었어요.

면담자 이야기를 들어주고 같이 있는 것만큼 큰 위안이 없는데요. (수진 엄마: 네, 그래서) 그런 거를 지속적으로 해주셨네요.

수진 엄마 네, 혼자 가는 게 아니라 혹시 [같이 갈 사람 있냐고] 공고를 해요, "혹시 9반 당직이 언제 있는데" [하고요]. 우리 아침에 회의할 때 "며칠 며칠 며친날 9반 당직인데 혹시 가실 분 있으면 저하고 같이 가주시면 좋겠다" 그러면 간혹 우리 공익 선생님, 공익 아이들, 그 선생님들도 같이 가주고 되게 많이 갔어요.

면담자 특별법이 힘들게 통과되었는데 수사권과 기소권이 빠진 특별법이었어요. 그거에 대해서는 어떻게 생각하셨나요?

수진 엄마 (한숨을 내쉬며) 그때가 우리가 박근혜 정부였었잖아요. 그 당시에는 우리 유가족들이 하려는 것은 [정부에서] 뭐든지 안 하려고, 무조건 안 하려고 했었어요. 왠지는 모르겠어요. "무조건 안 된다" [하며] 안 하려고만 했었어요. 그리고 이 공문 체계가, 상달하는 체계가 너무 많아서 일이 지연되고 그렇잖아요. 그래서 만약에 어떤 단체가 생기면 즉시 빨리 해결할 수 있는 걸, 우리가 해달라고 했는데도 거기선 안 해줬잖아요(한숨). 누가 지시한 건지는 모르겠어요 지금도, 왜 그랬는지도 모르겠고. '어떤 이유가 있어서 그런 것을 계속 안 해준다고 했을까', '만약에 자기네들한테 유리한 거였으면 날치기라도 얼렁뚱땅하지 않았을까', 근데 우리 세월호에 뭔가 있기 때문에 이 사람들이 '절대 해주면 안 된다' 그랬을 것 같아요. 가장 중요한 건데 그게.

면담자   그걸 수용해야만 했을 때에 어머님의 느낌이나 마음은 어떠셨어요?

수진 엄마   그때의 마음은 '정부는 안 되는구나. 우리가 약자구나. 우린 힘이 없구나. 아무리 우리가 이렇게 발버둥치고 우리가 죽는다고 해도 안 되는구나' 그랬어요. "우리가 다 죽어도 정부는 아마 꼼짝 안 할 것이다" 다 우리 그런 얘기했었거든요. "아마 이 정부는 우리 엄마, 아빠들이 한강에 한날한시에 뛰어들어도 이 사람들은 정말 움직이지 않을 것이다". 굉장히 허탈하고 그니깐 기대가 없어졌죠, 정부에 대한 기대. 정부는 자기들 상위권에 있는 사람들만 사는 곳이고 국민들은 없는 그런 정부였죠.

9
장례 이후 진도 방문, 수색 중단, 인양

면담자　　수진이가 늦게 올라와서 진도에 오래 계셨잖아요. 그후 진도에 한두 번이라도 내려가셨었어요?

수진 엄마　　네. 그때 수진이 장례 치르고 은화랑 다윤이, 현철이, 양승진 선생님 안 나와서 저희 같이 있었기 때문에 그때 내려갔죠. 내려가서 2박 3일 그때 같이 있다가, 그때는 팽목항에 있었거든요, 같이 있다가 사고 현장에 해경들하고 같이 가서 아이들도 부르고, 어떻게 작업하는가 그런 거 보고 그랬었죠.

면담자　　수진이 장례를 치르고 내려갔을 때 남아 있는 미수습자 가족들에 대한 감정이 남다르셨을 것 같아요.

수진 엄마　　네, 그때도 제가 얼굴도 까매서, 완전히 속이 탔으니까 까매서 깡말라 가지고 갔는데 그때도 은화 엄마가 저만, 저를 챙겼어요 오히려, "아이고 '울맘' 큰일 치르느라고 애썼다"고. 그냥 저는 거의 말도 안 하고 언니들만 따라다녔던, 양승진 선생님 사모님 [께서] 되게 저를 많이, 그 당시에서도 많이 챙겨줘서 그냥 저는 그때도 그냥 있었던 것 같아요, 옆에 별로 말 안 하고. 그때는 실어증이라고 해야 되나, 무슨 말이 안 나오더라고요. 할 말도 없고, 거의 말 안 하고 같이 있어 주고….

면담자　　하도 오래 같이 있으셔서 형제 같은 느낌이었겠네요. (수진 엄마 : 네) 11월 초에 수색을 중단해 달라고 미수습자 가족들이 기자회견 하셨을 때는 어떠셨어요.

수진 엄마　　그때 몇 명 안 남았을 때 그런 말 했었거든요. 저는 그런 생각도 안 했는데, 우리 남편은 그랬다고 하더라고요. '만약에, 분명히 미수습자가 생길 것이다. 찾지 못한 사람은 생길 것이다. 근데 그게 수진이었으면 어떨까' 그런 걱정을 했대요, 저는 그런 생각도 없고 그랬었는데 그때 종료를 한다고 하니까. 상황이, 그때 우리 수진이 찾고 왔을 때도 그 안에 내부 구조가 도면하고 완전히 다르다고 했었어요. 다르고 샌드위치 판넬[패널]이 다 넘어져서 "들어가는 잠수사들도 위험한 상황이다"[라며] 당시에도 위험하다고 계속 브리핑을 했었어요. 근데 굉장히 많은 시간이 지났었잖아요. 그래서 글쎄요, 그때는 안타깝고 그렇죠, 찾아야 되는데 못 찾으니깐 안타깝고. 근데 어떨 도리가 없고 그 상황은 아예 아이들도 어떻게 됐는지 모르는 상황이고, 그 배는 더 망가져서 뻘[벌] 속으로 들어가고, 그래서 그렇게 한다고 (한숨을 내쉬며) 해서…. 글쎄요. 뭐라고 해야 될지 모르겠어요.

면담자　　아이들이 나오지 않은 상태에서 아이들의 부모들이 스스로 수색을 중단한다고 선언하는 것은 그건 보통 일이 아니거든요. (수진 엄마 : 그럼요, 그죠) 근데 수색을 중단하고 빠른 속도로 배를 인양해서 미수습자를 수색한다면 그것도 하나의 방안일 수는 있었을 텐데, 11월에 수색 중단 선언을 했을 때는 정부에서 인양을 하겠다는 발표를 하지 않았어요. 혹시 그 사실은 알고 계셨나요?

수진 엄마　　인양하지 않겠다고 했었나요, 그때? (면담자 : 네, 공식

인양 결정까지 아마 5개월쯤 걸렸을 거예요) 그 전에도 인양을 우리가, 우리 남아 있는 가족들이 있을 때 차라리 "빨리 인양을 해야 되지 않느냐" 우리끼리 앉으면 몇 명 안 되니깐 계속 저녁에 모여서 그런 얘기를 했었어요. 그래 "어디에서 했는데 거기는 어째서 안 되고 어디에선 어째서 캔슬되고" 그런 얘기가 있었던 것 같아요. 그래서 "상하이샐비지 거기서 해야 되는데 돈을 많이 요구한다" 그런 얘기도 했었고, "다른 데 외국 어디에가 우리 인근에 있었는데 그것도 정부에서 못 오게 했다"[는 등의] 유언비어가 되게 많았었어요, 그거 생각나요.

면담자   11월에 수색 중단하는 것과 관련해서 안산에서 유가족들이 진도를 왔다 갔다 하면서 협의도 하시고, 그래서 수색을 중단하고 인양을 하도록 하는 성명의 내용에 합의를 했는데, 그다음 날 성명 내용에는 인양이 포함이 되지 않아서 그게 일부 유가족들하고 미수습자 가족들 사이에 균열이 생기는 계기가 됐었거든요. 들은 얘기는 없으시죠?

수진 엄마   글쎄 (한숨을 내쉬며) 그건 들은 얘긴 없네요, 제가.

10
참사 이후 새해맞이와 명절

면담자   수진 어머님은 직장에 복귀한 게 조금씩 안정을 찾아가는 데에 많은 도움이 됐을 텐데, 새해가 됐을 때 어떠셨어요?

수진 엄마   그때는… (한숨을 내쉬며) 저번에도 말씀드렸듯이 새롭게 시작이 새록새록 되짚어져요, 모든 게. 그리고 수진이가 수학여행 가기 전에 사무실을 저한테 찾아왔었고, 그때가 벚꽃이 되게 많이 폈었거든요. 그래서 저하고 같이, 제가 신호등을, 저도 규범을 굉장히 잘 지켜서 신호등 아니면 건너질 못해요. 그런데 저희 직장에서 이렇게 천을 건너서 이렇게 오면 단원고로 빠르게 가는 길이 있는데, 그 후문 쪽으로 가는 길인데 거기에 신호가 없었어요. 저는 못 건넜는데 수진이는 먼저 건너는 거예요. 그래서 "김인숙 빨리 건너와" 해가지고 "나 못 건너, 못 건너" 해가지고 저는 결국 신호등 있는 데서 건너갔고, 가서 그 뒷길을 둘이 아웅다웅 얘기하면서 가서, 수진이가 숙제가 있는데 책을 가지고 올 테니깐 [그러면서…]. 벚꽃이 굉장히 예쁜 나무가 있어요. 거기 수진이 찍은 사진도 있어요. 그러면서 그때 저녁이니깐 불빛이 환하니깐 벚꽃이 더 예뻤거든요.

그래서 수진이가 "엄마, 이 사진 여기가 제일 예쁜 곳이야, 여기서 사진 많이 찍어서. 엄마, 여기서 벚꽃 보고 있어. 나 교실 갔다 올게" 하고 2학년 9반 가서 지가 지구과학책을 가지고 와서, 제가 그 벚꽃을 요렇게 보고 집으로 왔던 기억이 나요. 그래서 그 벚꽃 피는 게 엄마들한테는 가장 아픔이잖아요. 그래서 "벚꽃나무를 우리가 다 죽이자. 저 벚꽃을 다, 단원고에 있는 벚꽃을 다 베어버리자. 아니야, 안산에 있는 벚꽃을 다 베어버리자", 그만큼 남들은 봄을 좋아하지만 봄이 너무 아파요, 진짜. 어쩌면 "잔인한 4월"[이라고] 그랬을까요. 근데 '잔인한 4월이 우리를 예측해서 그 시인이 그 시를 짓지 않았나' 그런 생각이 들고, 새해가 오는 것도 겁나고, 4월이 오는 것도 겁나고…. 근데 표현은 점점 시간이 흐를수록 더 힘들죠.

면담자   구정 때는 어떻게 하셨습니까?

수진 엄마   구정 때는 전 그날은 항상 [수진이가] 하늘공원에 있으니깐 그날 갔는데, 그날 갔더니 사람이 너무 많아서 저희는 전날에, 올해도 그 전날에 꽃 해가지고 갔고, 저희는 특별히 상을 차리거나 그러진 않거든요. 그래서 그냥 가서 수진이 차가운 대리석 벽 만지면서 울다가 오고 그렇죠.

면담자   구정 때는 친척들이랑 모이거나 그러진 않습니까?

수진 엄마   저희 집이 [수진이 아빠가] 외동아들이고, 누나들이 여섯이라고 했잖아요. 그래서 처음에는 제가 경황이 없어서 안 모였는데 이제는 저희 집으로 구정 때는 다 와요. 처음에는 2015년, 16년인가 그때는 진짜 힘들었거든요, 아프기도 하고. 우리 수진이하고 막내 시누 아들하고 똑같은 학년이에요. 그 애도 오니까 아이들은 못 보겠더라고요, 너무 힘들어서.

면담자   작년에도 수진이네 집에서 구정을 보내셨나요?

수진 엄마   작년에도 모였어요. (면담자 : 전에도요?) 그 전에도 17년부터 모였어요, 17년, 18년. (면담자 : 17년부터는 모이기 시작했다는 거네요. 지금은 좀 나으셨요?) 아니요. 지금도 사실은 명절이라든가 어떤 행사가 진짜 없었음 좋겠어요. 진짜 싫어요, 그런 거. 근데 사람의 도리를 해야 된다고 생각하니깐 어쩔 수 없이 하는 거예요. 진짜 없었음 좋겠어요. 만약에 안 한다고 하면 남편하고 헤어지는 수밖에 없죠, 저 혼자 자유롭게(웃음). 그런데 남편하고 살아야 하고 관계가 형성이 됐기 때문에 어쩔 수 없이 해야 되는 부분이고, 그래서.

면담자   명절이 싫은 제일 큰 이유는 무엇인가요?

수진 엄마   수진이가 없으니깐 하기 싫죠(울음). 그리고 해가 가면 아이가 나이가 먹잖아요. 근데 나이 먹었으면 우리가 얼마나…, '우리 수진이가 얼마나 예뻤을까, 수진이가 있었음 어쨌을까'. 그리고 14년도에 수진이가 저하고 그날도 약과를 같이 만들었어요. 엄마랑 아웅다웅하는 걸 좋아해서 약과를 둘이 만들고 그런 게 생각이 나고 그러니깐 명절이 되게 싫고…, 수진이 생각이 나니깐 싫어요. 애 생각이 나니깐 그래서 싫어요. (면담자 : 평상시에도 수진이 생각 가끔씩은 나시잖아요) 가끔 나요. 가끔 나는데 그걸 감추고 있어요. 제가 감추고 있다가 갑자기 생각이 나면 미칠 것 같아요. 갑자기 수진이 물건은 지금 ○○이 방, 거기에 수진이 책상이라든가 옷장이라든가 그대로 다 쓰거든요, 의자도 △△한테 주고. 거의 수진이가 입었던 옷 이런 것만 보내주고, 옷도 거의 지금 가지고 있거든요.

근데 매일 보고, 거실에도 수진이 사진이 이렇게 있는데, 그냥 매일 이렇게 보다가 그냥 어쩔 때 이렇게 수진이 사진 보면, 수진이가 가슴에 꽂히면 수진이 썼던 그 거울, ○○이가 다 쓰고 있고 그 방에 그대로 놓고 쓰고 있거든요. 제 화장대 협탁도 수진이가 쓴다고 해서 줘서 그 안에 수진이 물건이 다 있거든요. 그럼 거기 가서 청승맞게 열어보면서, 수진이 거 만지면서 이제 혼자 울고 코 풀고, 혼자 그렇죠. 그럼 우리 △△는 가만히 방에 들어가서 문 닫고 안 나와요. 근데 그렇게 하면 안 된다고 하더라고. 그래서 없애려고 하

104

수진 엄마 김인숙

는데 안 돼요. 울컥[하고 감정이 북받쳐] 오면 설거지하다가도 울고, 이렇게 가만히 있다가도 울고…. 제가 왜 홈쇼핑을 잘 보냐면 아무 생각 없이 멍청하니 그걸 봐야지 그래도 다른 생각 안 해요. 제가 올 해 책을 읽는다고 했잖아요. 못 읽겠어요, 책을 읽을 수가 없어요, 애 생각이 나서. 그래서 그렇게….

11
수진이의 생일

면담자   꼭 사람이 웃어야 좋은 건 아니지 않습니까? 운다고 뭐 그게 나쁜 건 아니잖아요?

수진 엄마   그래서 제가 그때 16년도에 '이웃'[정신과 전문의 정혜신 박사가 운영하는 치유센터]에서 수진이, 15년도에는 '우리함께'에서 그 때 박성현 국장이 다 해줬어요, 생일을 수진이 생일을. 내가 그때는 [호칭을] 성현이라고 했으니깐, [성현이가] "언니 하고 싶은 대로 해" 그래서 "수진이 생일 하고 싶어" 그랬더니 다 준비를 다 해놓은 거에요. 다 수진이 좋아했던 거 다 해서 다 해놓고, 그리고 16년도에는 '이웃'에서 하고…. 그때 정혜신 박사님 만나고, 그때 이명수 박사님 도 만나고 그렇게 하면서 그랬어요. 제가 울다가 수진이 얘기하면서 웃기도 하고 그러면서 같이 밥을 먹었어요. 그러면서 "박사님, 저는 요 겁나는 게 있다"고, "제가 자식을 잃었는데 웃으면 안 되는 거 아니에요? 웃으면 이건 죄가 아니에요?" 그랬더니 정혜신 박사님이 제

손을 잡으면서 "그렇게 생각하지 말라"고, "정신 이상한 정신병자들도 24시간 정신이 다 그 정신병자로 있는 거 아니라"고, "제정신일 때도 있고 가끔 그럴 때가 있는 거라"고, "그건 자연스러운 거니깐 웃고 싶을 때는 웃고 울고 싶을 때는 울고 그렇게 해야 된다"고, "절대 그거 죄라고 생각하지 말라"고 그렇게 하면서 안아주시더라고요.

그래서 내가 '아, 웃는 것도 이거 수진이한테 미안한 게 아니구나' [하고] 그때 제가 마음을 새롭게 먹었죠. 그 전에는 웃는 게 너무 죄스럽고 다른 사람 의식도 되고, 사무실에서도 물론, 그래서 계속 고개만 숙이고 거의 울고, 웃지 않으려고 굉장히 자신을 채찍질했죠. 그런데 그 이후에 그렇게 말씀해 주시고 그래서 치유가 됐죠.

면담자　　　하여튼 어머니는 다른 사람보다 많이 우시겠죠? (수진 엄마 : 네) '우리함께'에서 박성현 국장이 2015년 수진이 생일을 차려 줬다고 했는데 어디서 했어요?

수진 엄마　　　그때 '우리함께' 그 공간 있었잖아요, 저쪽에. (면담자 : 현대빌라요?) 네, 거기에서 했었어요. (면담자 : 어떻게 생일을 보냈는지 자세히 얘기해 주시겠어요?) 그때 거기 공간이 좁았어요. 그래서 박성현 국장이 "수진이가, 언니, 뭘 좋아해, 수진이가?" [하고] 물어봤어요, 뭘 했으면 좋겠냐고. 그래서 "수진이는 내가 해준 육전을 좋아했고, 약과도 좋아했고" 얘기를 했고, 제가 "친구들도 좀 왔으면 좋겠다. 그리고 우리 직원들도 왔으면 좋겠다" 그랬더니 이렇게 다 해놓고, 다육이를 그때 60갠가 [준비를 했더라고요]. 제가 그랬어요, "친구들한테 뭔가를, 온 사람들한테 뭔가를 또 좀 주고 싶다" 그랬더니 다

육이를 준비를 다 했더라고요. 그것도 수진이 사진을, 수진이 환하게 웃는 사진 그걸 벚꽃을 뒷배경으로 해서 '사랑스러운 수진이' 해서 "생일 축하해" 그 문구까지 해가지고, 그 화분 네모난 화분이거든요, 거기다 다 붙여가지고 그렇게 준비를 다 했고, 영상도 했고, 그렇게 했고, 친구들 왔었고 우리 직원들 다 왔었고…. 그렇게 다 울고 웃고 그랬었죠.

면담자   다육이라 그러셨는데 일종의 작은 화분 같은 겁니까?

수진 엄마   네. 그거 지금도 저희 집에 크고 있고요. 작년에는 잘 키워서 꽃도 피었었어요.

면담자   다음해에는 '이웃'에서 생일을 했다고 하셨는데, 이웃에서 생일은 어떻게 진행을 했나요?

수진 엄마   '이웃'에서 그때 이영하 대표님이 복지관[에] 한 세 번인가 찾아오셨었어요. 김지희 선생님이랑 찾아오셔서 수진이에 대해서 어땠는가 [묻고], 그리고 수진이 사진 달라고 해서 사진도 주고, 수진이 얘기했더니 다 준비를 하고, 또 어떤 걸 좋아했느냐고 그래서 "이런 거 이런 거 좋아했다" 이렇게 얘기했더니 그날 또 갔더니 너무너무 [잘 준비를 해주셨더라고요]. 그걸 가져올 걸 그랬나 봐요, 그 사진이랑…. 수진이 그 옷을, 교복이랑 있으면 가지고 오라고 해서 수진이 물품 가지고 갔더니, 미리 가져다줬더니 그것도 다 해놓고 그렇게. (면담자 : 전시처럼 해두셨다는 거죠?) 네. 수진이 옷도 걸어놓고, 사진은 하나하나를 다 정성스럽게 꽃모양으로 해서 이렇게 사진을 예쁘게 붙여놨어요, 다 온 사방을 다.

면담자   음식이나 이런 것도 했습니까?

수진 엄마   네. 음식도 반월지회 거기 어디선가 그 단체에서 그분들이, 당신들이 해주고 싶다고 그렇게 해서 그분들이 다 사비로 해서 다 해주시고.

면담자   사회복지사협의회 반월지부인가 그렇지 않나요?

수진 엄마   아마 그런 단체였던 것 같아요. 그래서 그분들도 재능기부로 다 해서 해주시고.

면담자   수진이가 현세에 없는데 생일을 차려준다는 게 어색하진 않으셨어요?

수진 엄마   그래서 안 하려고 했죠. 15년도에도 안 하려고 했어요. 안 하려고 했는데 성현이가 "언니" 하면서 얘기를 한 거죠. 조심스럽게 물어본 거죠, 저한테. 그래서 "어떻게 해야 되지? 못 할 것 같애" 했더니 "그래도 언니, 해주는 게 나을 것 같애" 그래서 하게 된 거고. '이웃'에도 어쩌다가 다 '이웃'에[서] [생일] 했다고 다혜 엄마도 그때는 만났으니깐 얘기하더라고, 안 해주는 것보다 해줘야지 제 마음이 편할 거라고 그래서, 그것도 하니깐 좋더라고요. 그리고 그 이후에는 생일날, 우리 복지관 직원들이, 아침에 그날 저는 휴가를 냈고 직원들이 와가지고 우리 관장님이랑 직원들 전 직원들이 다 왔었어요. 그래서 아침 일찍, (면담자 : 수진이 집으로요?) 아니, 하늘공원으로. 그래서 그때 케이크 해주고 생일 축하 다 같이 해주고 [나서] 직원들은 출근하고 [그랬어요].

면담자   현세에는 없지만 태어나서 삶을 살아갔던 수진이에 대한 축복을 함께 바치는 게 정착이 된 거네요.

수진 엄마   네. 그리고 그때는 분향소가 있었잖아요. 그래서 분향소에 임영호 씨라고 그분이 우리 아이들, 여러분들한테 도움을 받아서 생일을 꼭 챙겼어요. 그래서 그때도 수진이 생일[날] 수진이 아빠랑 둘이 갔는데, 그때 임영호 씨가 시간 맞춰서 오셔서 같이 생일 축하해 주고, 같이 울고…, 그분도 울음이 되게 많아요. 같이 생일 꼭 챙겨주셨어요, 분향소[에서]. 그리고 하늘공원에도 혼자라도 가서 축하해 주고, 그분도.

면담자   보통은 기일에 망자를 기리는데, 우리 아이들은 생일을 챙기는 독특한 문화가 생긴 거네요.

수진 엄마   그러게요, 그러게요. (면담자 : 기일에 제사를 지내는 것보다 더 아름답다는 느낌이 드네요) 그러니깐 이런 것 같아요. 아이들이 갔다는 것은 우리가 인정하고 싶지 않은 거예요. 아이는 해마다 우리 가슴 속에서 다시 태어난다고, 그래서 생일을 챙기고, 아이가 천국에 간 날은 가슴속에 스르르 묻고 싶고 태어난 것은 언제나 축하해 주고 싶고 그런 것 같아요.

면담자   짧은 인생이라 아쉽지만, 수진이가 살았던 삶에 대한 축복은 가능한 거 아닐까요?

수진 엄마   응. 그러게요. 너무 정말 아쉽죠, 너무 아쉽죠, 말할 수가 없죠. (면담자 : 기일에는 할 수 있는 것도 별로 없잖아요) 네 없어요, 너무 슬프기 때문에 저는. 저희는 기일에는 처음에는 우리 가족들이 분향소에서 이렇게 하다가, 그러니깐 우리 시댁 가족들이 개인적으로 하늘공원을 다 꽃다발 가지고 갔다가, 우리한테는 차마 가슴 아파하니깐 말은 못 하고 형님들 그리고 조카들 자기들끼리 갔다 오고 그랬는데, 17년도엔가 16년도부터는 저희가 용기를 내서 같이 가자고 해서 우리 형님들을 다 시간 내서 같이 가서 헌화하고, 또 다 울고…. 수진이를 너무 예뻐했기 때문에, 첫 조카라서 너무 예뻐했기 [때문에], 다 울고, 그리고 서로 위로하면서 같이 식사하고 그렇게 마쳤죠.

12
2015년 세월호 특조위 투쟁과 배·보상

면담자　　2015년 4월은 어려운 시기였어요. 시행령이 발표가 되었고, 배·보상에 대한 문자가 오기도 했습니다. 그것 때문에 4월 4일에 정부 시행령 폐기를 촉구하는 2차 삭발식 이후 1박 2일 동안 아이들 영정 사진을 들고 광화문까지 도보 행진을 하기도 하셨는데, 여기에 대해서 이야기해 주세요.

수진 엄마　　(한숨을 내쉬며) 어디서부터, 뭐부터, 너무 질문을 한꺼번에 많이 하셔서(웃음).

면담자　　4월에 삭발식은 뉴스 같은 걸 통해서 보셨죠?

수진 엄마　　네, 그때 제가 근무를 했는데, 막 근무를 못 했어요.

가야 되긴 하는데 갈 자신은 없고 그래서, 그때 참 제가 근무를 우왕좌왕만 하고 근무를 못 하고 그랬던 생각이 나고…. 울었죠, 그때 저도 울었죠.

면담자   엄마들도 삭발을 상당히 많이 했어요. (수진 엄마 : 네. 울었죠) 삭발이라는 게 어떤 의미로 느껴지셨어요?

수진 엄마   (한숨을 내쉬며) 삭발은 나를 죽이는 거잖아요. 출가할 때 내가 죽고 다시 태어나기 위해서, 모든 걸 [다시] 시작하기 위해서 삭발을 한다고 저는 생각해요. 엄마들이 삭발했을 때는 '나는 죽었다. 이제 자식들을 위해서 다시 시작해야겠다' 그런 과정이 아니었을까요, 삭발은?

면담자   영정 사진을 들고 행진했던 건 아이들을 걸고 싸우겠다는 의미 같은데, 보시면서 착잡하셨겠어요.

수진 엄마   저도 그때 걸었어요. 무조건 걷는 것은, 하는 것은 다 했거든요. 그니간 그건 '내가 죽지는 못하는데 나는 죽은 사람이나 똑같다' 그런 의미잖아요. '내 자식을 위해서 난 죽었다' 그런 의미로 엄마들이, 아빠들은 그래도 아빠니깐 그러는데 그래도 엄마들이 그걸 했다는 것은 정말 죽음을 불사하고 하지 않았을까요?

면담자   수진 어머니께서도 사진을 들고 행진하셨어요?

수진 엄마   네, 전 [그냥 걷고] 수진이 아빠가 들었어요. 그때 우리 상복 다 입고, 수진이 아빠가 [영정 사진] 메고…. (면담자 : 당시에 상복 입고 걸었죠. 수진 아빠 옆에서 걸으셨군요) 네, 그때 우리 걸을 때 여러 국민들이 되게 많이 같이 갔었어요. 그래서 같이 부축도 해주고 챙겨주기도 하고 굉장히 많은 사람들이 같이 갔었던 기억이 나요.

면담자　완주를 하셨었나요?

수진 엄마　네, 했죠. 그리고 어디 갔던가, 근데 진짜 힘들었어요. (면담자 : 중간에 어디선가 주무셨을 텐데요) 그니깐 어디서 잤어요, 어디 체육관인가 어디서[광명 장애인종합복지회관]. 그때 비닐 스티로폴[스티로폼] 그거 펴놓고(웃음). 춥기도 하고 힘들었어요, 아무튼.

면담자　근데 결국은 2015년 특조위가 열려서 조사 활동을 시작하는 걸 제외하고는 아무것도 얻어진 게 없었죠?

수진 엄마　그러니까요, 저희들이 [뭘 해도] 이 위에서는, 정부에서는 이게 하나의 퍼포먼스의 과정이라고밖에 생각을 안 해요, 그 사람들. 당연히 '맞아, 저 애들 저러다가 삭발하다가 하나 분신하겠지' 이런 과정이 여태껏 있었기 때문에 아마 '그렇게 지나갈 거다' 그렇게 생각했을 거예요, 분명히 그 사람들.

면담자　5월부터는 격렬한 시위가 시작이 됩니다. (수진 엄마 : (웃음) 맞아) 시위 진압도 과격해졌는데, 그때 아버님은 괜찮으셨나요?

수진 엄마　네, 수진이 아빠는 괜찮았어요(웃음). 제가 그때 쓰러져 가지고, 제가 힘이 없다 보니깐, [뒤에선] 밀고 앞에는 전경들이 방패 그걸 하고 못 오게 하고, 그런데 미는 과정에서 제가 어쩌다 보니깐 앞에 떠밀려.간 거예요, 저도 모르게. 가다 보니깐 그랬는데, 압

사라고 해야 되나요? 둘러싸여 가지고 숨을 못 쉬겠어 가지고 제가 쓰러졌는데, 그 상황에서도, 제가 쓰러졌는지 어쨌는지 모르겠는데, 그때 EBS 방송국에서도 계속 촬영하고 그래 가지고, 그때 작가랑 [몇몇 사람들이] 저를, 제가 항상 자꾸 그러니깐 저를 봐가지고, 저를 끌어내서 구급차 부르고 그래서 어디엔가 제가 갔었던 기억이 나요. (면담자 : 봄이었나요, 여름이었어요?) 그때도 저는 항상 추웠어요, 여름에도 추웠어요.

면담자　5월 초에 시행령 폐기를 위한 시위였던 것 같네요.

수진 엄마　네, 그때도 추웠어요, 그러니깐 덥지는 않고.

면담자　4월 이후에 상당히 많은 부모들이 이제 배·보상을 받기 시작합니다. 박주민 변호사를 포함해서 "배·보상을 받아도 전혀 문제가 없습니다. 받고 투쟁하는 것도 가능합니다" 이런 설명을 했던 걸로 제가 알고 있거든요. 어머니는 배·보상과 관련해서 어떤 생각이셨어요?

수진 엄마　저는 전혀 관심이 없었어요. 전혀 그런 건 전혀 관심이 없고 남편이 하다가, 저희도 회의 일요일마다 했었거든요, 항상 일요일마다 미술관에서 했었는데 갔다 와서 보고는 "이거 안 받으면 일이 빨리 안 끝날 것 같다" 그래서 나는, 저는 전혀 관심도 없고 그거 자체가 싫었으니깐, 그래서 신경도 안 썼어요, 정말로. 그래서 남편이 어떻게 해서 저희도 늦게 받은 것 같아요. 그래서 "그랬어?", 했다고 하니깐 "그랬어?" 얼마인지도 확인도 안 하고, 저는 지금도 몰라요. 얼마를 했는지도 물어보기도 싫고 그래서.

면담자　아버님과 그에 대해선 별다른 이야기는 하지 않으셨나요?

수진 엄마　그런 거에 대해서는 얘기를 별로 나눠본 것 같지가 않아요, 수진이 아빠랑.

면담자　배·보상 관련해서 유가족들이 나눠졌다는 얘기는 그 당시에 들으신 적 있으신지요? (수진 엄마 : 아뇨) 9반 안에서 뭔가 좀 논의가 갈리거나 이러진 않았어요?

수진 엄마　그런 걸로 얘기한 건 잘 모르겠고, 어떤 일이 있을 때 활동을 해야 되고 나가야 되고 하는데, 안 나가는 것에 대해서 미안함과, 그래서 점차 뒤로 물러서 있게 되고, 나가는 사람은 나가고 그래서 멀어진 거, 그래서 멀어졌지 그 배·보상 그거하고는 별개라고 저는 그렇게 (웃으며) 알고 있어요.

면담자　배·보상이 유가족들 편을 가르려는 수단으로 이용되었잖아요? (수진 엄마 : 맞아요, 그건 맞아요) 수진 아빠는 투쟁을 그만하려는 마음으로 받으신 게 아니었을 거고 투쟁을 계속하려 하셨는데, 배·보상을 받은 다음에 유가족들이 투쟁하는 현장에 나가시기가 불편하게 된 건 아닌지 그걸 확인하고자 하는 겁니다. 어머님의 경우는 어떠셨나요?

수진 엄마　아니요, 그러진…. 저 같은 경우는 그거와는 상관이 없이 힘을 보탤 때는 보태고 나갈 때는 나가고 그렇게 행동했었어요.

면담자　사실, 배·보상을 받은 이후에 아무래도 소원해진 유가족들이 적지 않습니다. 정부의 계략이 먹힌 케이스에 해당하죠.

수진 엄마   진짜 정부 나빠요. 근데 그 당시에는 제가 그때도 되게, 지금은 목소리가 힘이 있지만 그때는 진짜 힘이 없었어요. 그때도 "그냥 놔 여보. 그냥 하지 마, 왜 해" 그랬더니 남편이 그랬던 건 기억나요. "빨리빨리 우리가 해야지 일처리가 된다"고 그 말은 했었어요. "빨리빨리 해야지 일처리가 된다. 우리 가족들이 빨리빨리 해줘야 된다" 그 얘기는 했었던 기억이 나요. "그럼 어떻게 해…" 제가 [그랬죠].

13
단원고 교실 이전 문제

면담자   그리고 단원고 교실 존치 문제가 있었습니다. 어머니는 교실은 자주 가셨나요?

수진 엄마   네, 갔었죠, 교실 그래 가지고. 학교 교실이 원고잔공원 계단에서 보면, 아이들 교실이 보이거든요. 그래서 거기 가서 교실 보고 맨날 울고 있었어요(웃음). 계단에 올라가면 딱 보여요, 우리 수진이 9반. 딱 보여서 계속 거기 가서 혼자 울고 있고 그랬었어요. 그럼 신애 언니가 그 우리 복지관 신애 팀장님이 일하다 말고 쫓아와. (웃으며) 쫓아와서 같이 울고 그랬었어요. (면담자 : 2014년인가요?) 14년, 15년? 14년, 15년 그때였어요. 근데 저는 그 교실, 우리 아이들이 그 교실은 되게 해가 잘 드는 따뜻한 곳이었거든요. 그래서 교실만큼은 정말 따뜻한 곳에 놔뒀으면 그런 마음이었어요, 그대로. 근데 그것도 어쩌다 보니깐 나가야 되는 상황이 되고 "이쪽으로 옮겼다. 어디에다가 보관을 해야 된다. 어디에다가 다시 만들겠다" 굉장히 왔다 갔다 했었잖아요. 근데 사실은 거기다 나뒀으면 좋았을 그런 건데, 여기[안산교육지원청으로] 옮긴 것도 저는 좋아하지 않아요. 거기에 애들 숨결이 있고 거기에 애들 함성이 있는데 다른 데 옮겨 봤자, 이사해 봤자 뭐 해요.

그래서 안 옮겼으면 했는데 어찌어찌하다 보니깐 옮겨야 되는 상황이 됐었고, 저희 그러면 유가족들이 '한발 더 물러서자' 해서 옮기게 됐잖아요. 근데 그런 결정을 했는데 따라야 되는 거고, 그랬었어요.

면담자　　　여러 안들이 나왔었는데, 정말 방법이 없었나 하는 생각은 드네요.

수진 엄마　　그러게요, 방법이 찾았으면 있었을 텐데…. 지금 우리는 우리들만 생각하는데 재학생들 학부모들의 의견도 굉장히 수렴이 많이 됐었을 것 같아요. 그것 때문에 아마 옮겨야 되지 않았나 그런 생각이 [드네요].

면담자　　　1학년 때 운영위원을 하셨다고 했나요?

수진 엄마　　반 대표하고 학부형 회의 학부형 모임의 감사(웃음).

면담자　　　교실 존치 논의가 한창일 때, 운영위원장이 계셨어요. (수진 엄마 : 그때 2학년 때는 모르겠어요) 그분이 주도를 하셔서 재학생 학부모들의 의견이라고, 교실을 빼야 된다고 주장을 했었죠. 그래서 대립이 격화되었던 거고요.

수진 엄마   맞아, 그랬다고 들었던 것 같아요. 그리고 "귀신 나온다"고 그런 말도 들었던 것 같아요, 제가.

면담자   결국 교실을 이전했는데 혹시 그때 가보셨나요? (수진 엄마 : 저도 갔었죠) 누가 책상을 뺐어요?

수진 엄마   책상은 제가 들진 않고 어떤 단체, 시민 그런 분들이 그런 거는 해주시고 그러셨죠.

면담자   물건만 빼서 안고 가셨나요?

수진 엄마   저희는 예, 물건만. 저는 제가 물건도 안 들었어요. 누군가 들어줬어요, 누군지는 모르겠는데. (면담자 : 어디까지 걸으셨어요?) 그래 가지고 여기 고잔초 지나서 올림픽기념관 지나서 고잔초 지나서 여기[안산교육지원청], 여기까지. 근데 여기에서 그냥 돌아갔어요, 그 교실 안 가고. 그 당시에 요 앞에 교육청 앞에 그곳에 놔뒀었던 것 같아요, 처음에는 거기에다 물건을. 그리고 돌아갔었던 것 같아요, 제가.

면담자   마음이 어떠셨습니까?

수진 엄마   어, (웃으며) '이 세상은 정말로 여기에, 이 세상이 존재하지 않은 사람은 모든 흔적을 지우라고 하는구나' 그렇게 생각이 됐죠. '다 지워야 하는구나. 이게 어떤 큰 사건이고 큰일이든 간에 이 사회는 그걸 용납하지 않고 다 지우고 새로운 사람이, 새로운 문화가 거기 들어오게끔 하는구나, 다 밀어내는구나' [하고 생각했어요].

면담자 　　　그 전의 일입니다만, 교실에 이삿짐센터가 들어와 있다는 제보가 들어와서 유가족들이 단원고등학교 현관 앞에 농성을 일주일간 했어요. (수진 엄마 : 예) 그때도 와보셨어요?

수진 엄마 　　　그때 한 번 갔어요, 저는 그때.

면담자 　　　그리고 유가족 중 한 분이 학적을 떼어봤더니 제적 처리가 되어 있다고 하는 사실을 발견해서 유가족들이 격분을 했었어요.

수진 엄마 　　　제가 갔을 때는 누군가 이재정 교육감이 와서 얘길 했었던가? 그때 우리가 언성을 높이면서 얘기했었던 그날 제가 갔었거든요. 그 일, 제적, 학적부 제적됐다는 것은 다혜 엄마 통해서 들었어요. 가끔 우리 기관에 와서, 언니들이 커피 마시러 잠깐 와서 간혹 얘기, 이런 얘기 저런 얘기해 줬거든요, 저는 잘 못 가니깐. 그래서 그랬다고 저한테 "빨리 뭐 할 거 있으면 빨리 떼어라" 그랬는데 저는 안 떼었거든요. 그것도 모든 게 아픔이니깐, 떼어보는 것도 힘드니깐 "저는 안 할래요" [했어요], 그때.

면담자 　　　교육감이나 교장이 변명하는 모습을 보고 어떤 인상을 받으셨어요?

수진 엄마 　　　그때 똑같은 말[만] 계속, "협의 중이다, 노력하겠다" 계속 그런 말 되풀이…. 그것도 굉장히 장황하게 얘기하잖아요, 결론은 없는 말. 그러니깐 변명, 되풀이 그런 거, 결론은 없는 말, 그런 말로만 들렸어요. 항상 그랬던 것 같아요. 우리 가족들 모였을 때 누군가 와서 얘기했을 때는 "알아보고 있습니다. 최대한 노력하겠습니다"라고만 했어요. 근데 공무원들이 다 그렇잖아요.

14
명예졸업식

면담자 19년 올해 들어와서 명예졸업이라는 걸 했는데, 어머니하고 아버님 같이 가셨어요?

수진 엄마 저만 갔어요…. 좀 쉬었다 해요(울음). 명예졸업식 가서 엄청 울었다고요.

면담자 죄송해요. 힘든 질문을 자꾸 하게 되네요. 한 10분 정도 쉬었다 하겠습니다.

(잠시 중단)

면담자 재개하겠습니다. 얼마 전 2월에 있었던 명예졸업은 아이가 학교를 완전히 떠나는 그런 과정이 있었어요. 어머니하고 아버님은 참석을 하셨는지요?

수진 엄마 저만 가고 아빠는 안 갔어요, 용기가 없어서 못 갔어요. (면담자 : 아버님은 뭐라 그러셨어요?) 본인은 가고 싶긴 한데 가면 울까 봐서, 그걸 감추고 싶어서 그래서 안 가는 거래요, 어떤 장소든지. 그러니깐 엄마보다 아빠가 더 약해요, 그런 면을 보면.

면담자   어머니는 몇 시쯤 도착하셨어요?

수진 엄마   9시 한 50분쯤, 인터뷰를 9시 40분에 했다고 하더라고요. 인터뷰 끝나고 한 50분 정도, 그때. (면담자 : 인터뷰라 하시면 어떤 거죠?) 가족들 입장[에 대한] 기자회견을 40분에 했더라고요. 그래서 그거 끝나고 가려고 일부러 [늦게], 그랬었죠.

면담자   그래서 어디로 가셨습니까?

수진 엄마   강당에 파란색 의자에 노란색 책보로 해서 이렇게 해 가지고 책 위에 꽃다발이랑 있더라고요. 그래서 처음에는 거기를 못 가겠는 거예요. 울고만 있었죠, 뒤에서(울음). 울고만 있다가 안 가려고 했는데 저희 교회 사모님께서 당신이 가겠다고, "그래도 수진이 가봐야 되지 않겠느냐" 그래서 "사모님만 가세요" 그랬는데 안 되겠더라고요. 그래서 기관에 얘길 했죠. 그래서 과장님한테 얘길 했더니 "당연히 가야죠", 가시라고 그래서 그날 휴가를 내고 갔는데 처음에는 못 가겠더라고요. 빙 둘러서 있고, 가족들이 그 자리에 있는데 도저히 못 가겠더라고요. 그 자리를 못 앉겠더라고요. 곁에서 울고만 있었더니 사모님이 "저기 수진이 자리야. 빨리 가서 앉아" 그래서 가서 앉고 보니까 주변에 기자들이랑 그 사람이 많이 있으니깐 그것도 싫더라고요, 저는. 그래서 고개만 푹 숙이고 서로 울기, 옆에도 못 쳐다봐요. 옆에 제 옆에 누가 있었지, 보미 언니. 이수진, 이보미, 그러니깐 가나다라 이렇게 하다 보니깐 보미 언니가 있었는데 보면 우니깐 언니도 못 쳐다보고, 보면 우니깐 둘 다 그냥 고개만 숙이고 콧물 나고 그렇게 하고 그랬는데….

정말 그게, 졸업식 했다는 게 조금은 '그래도 졸업은 시켰구나' [하고] 미안한 감이 덜어지기도 하는데, 당사자가 없으니깐 그렇게 맘이 안 좋았었어요, 정말. '세상에 늦깎이로 이렇게 졸업을 하는데 당사자가 있었으면 얼마나 좋았을까. 얘들이 전문대 갔으면 전문대 졸업할, 얼마나, 학사모 쓰고 얼마나 예뻐했을 텐데' 그래서 (한숨을 내쉬며) 그랬죠.

면담자　　　졸업식은 순서가 어떻게 진행됐습니까?

수진 엄마　　순서가, 교육감도 와서 얘기했고 유은혜 교육부 장관 와서 얘기했고, 교장선생님이 얘기했었고, 우리 반 학년 대표로 전명선 위원장이 대표로 졸업장 받고, 재학생들이 노래해 주고, 아이들 이름 교장선생님이 한 명 한 명씩 이렇게 사진 하면서[사진을 보여 주면서] 이름 불러주고 그렇게….

면담자　　　영상 보실 때 어떠셨어요?

수진 엄마　　영상 봤을 때는, 그냥 그 이름만 들어도 이렇게 눈물이 나잖아요, 이렇게 "이수진" [하면], 그 영상을 볼 수가 없어요, 앞에 있는 거. "이수진" 그것만 들어도 눈물이 나니깐 저는 계속 그냥 손수건이 다 젖을 정도로 이쪽 돌려가면서 울고 저쪽 돌려가면서 울고 그랬죠. 저희 수진이 사진이 실제 사진하고 좀 다르게 나왔어요. 아이가 그래서 고1 때 사진을 찍는데 얼굴이 너무 통통하게 나왔다고 싫어했던 그 사진이 계속 학적부에 올라가서 그 사진이 나왔더라고요, 다르게. 그래도 저는 그걸 못 봤는데 저희 [교회] 사모님이 그걸 사진을 찍었더라고요. 저는 고개 숙이고 "이수진" 불러도 고개 숙이고 울고 있었는데 사모님이 찍어서 보내주셨더라고요.

면담자 　　이재정 교육감하고 유은혜 교육부 장관의 말씀은 어떻게 들리셨어요?

수진 엄마 　　그냥 행사니깐 으레껏 우리 가족들한테 와서 얼굴 안 보이면 안 될 것 같고, 와서 얘긴 해야 될 것 같고, 그래서 의례적인 참석이었겠죠, 그냥 의례적인.

면담자 　　별로 말이 귀에 들어오진 않으셨나 보네요.

수진 엄마 　　그럼요, 전혀. 나중에 사진 보니깐 우셨더라고요. 물론 그 상황에서 안 운 사람은 없죠, 우셨더라고요. 그런데 '저분이 정말 우리의 아픔을 알아서 울었던 눈물인가. 눈물의 무게가 하나도 없는 그냥 흘리는 눈물인가' 그렇게만 보여요. 지금은 진실이 안 보여요. 모든 게 다, 우리가 여태껏 너무 속아왔기 때문에 진실을 찾을 수가 없어요.

면담자 　　충분히 그럴 수 있는 상황이죠. 그래도 현 정부의 고위직에 있는 사람으로서는 유은혜 장관만큼 세월호 유가족들과 깊이 공감하는 사람도 사실은 많지 않을 거거든요. 근데 그럼에도 불구하고 그 말이 와닿지 않았다는 건 유가족들의 상태가 어느 정도인지 보여주는 거네요.

수진 엄마 　　그럼요, 그러니깐 우리 가족과 이 정부 관계자라는 선입견이 완전히 각인이 돼가지고 깨지질 않아요. 어떤 분이 그 자리에 섰던 간에 '저분은 정부 관계자고 우리는 유가족이야' 그래서 그

틀이 깨지지 않아요.

면담자　　　졸업식 끝나고 어떻게 하셨어요?

수진 엄마　　그날 제가 시계를 잊어버렸어요, 잃어버렸어요, 거기서 어떻게 울다가 왔으면. 시계 찾으러 한 번 갔다가 나와서, 사모님이 "점심 사주겠다"고 그래서 제가 그 제 의자매 동생 진희라고 있다고 [말했었는데], 진희도 왔었는데 진희는 약속이 있어서 가고 사모님이 "이럴 때일수록 잘 먹어야 된다"[고] 밥을 사주겠다고 그래서 저희집 부근으로 가서 아들 △△ 불러내서 같이 점심 먹고, 집에 와서 책보 그거 풀고 울고, 혼자 엄청 울었죠. 근데 그거 보니깐 너무 감사하더라고요. 그렇게 그때 정말 많은 분들이 고생해서 집집마다 와서 아이들 사진을 파일을 다 저장해서 갔잖아요. 그래서 그 사진을 예쁜 것만, 성장과정에 따라서 다 해서 만들어서 그 앨범을 펼치니깐 거기에 수진이 어릴 때부터 컸을 때까지, 그 아이의 역사를 단면으로 볼 수 있게끔 해놨더라고요. 그래서 울었죠, 울고 졸업장 보고도 울고, 학생증 보고도 울고 그랬죠.

면담자　　　책보에는 앨범하고 뭐가 들어가 있었어요?

수진 엄마　　앨범하고 졸업장하고, 학적부 그거 새로 해서 빳빳하더라고요. 그거하고 꽃다발하고 이름표, 그렇게 했더라고요.

면담자　　　학적부에는 뭐라고 써져 있었습니까?

수진 엄마　　거기에는 초등학교 어디, 담임선생님 누구, 몸무게, 키, 그런 거. (면담자 : 고등학교는 졸업으로 써 있었나요?) 고등학교도,

모르겠네요. 기억이 안 나요, 졸업이라고 써줬나. 보다가 눈이 하도 아른거려 가지고 안 봤거든요. 명예졸업장이었던 것 같아요, 요렇게 보니깐. 근데 우리 남편은 그것도 안 봤어요(웃음). 제가 그걸 해서 책보로 요렇게 요렇게 덮어놨는데, 남편은 나 몰래 봤나 안 봤나 모르겠어요, 안 봤을 거예요. 그리고 꽃만 제가 해서 거실에 화병에다 요렇게 제가 꽂아놨죠.

15
시민 단체와 안산 시민에 대한 생각, 마무리

면담자　　2회차 구술에서는 마지막 질문이 될 것 같은데요, 투쟁 과정에서 시민 단체 사람들을 많이 접하게 되셨을 거예요. (수진 엄마: 네) 참사 나기 전에 시민 단체 사람들과 접촉 경험은 있으셨나요? (수진 엄마: 아니요) 그럼, 참사 이후 시민 단체 사람들과 같이 활동을 하면서 초기에 시민 단체가 어떻게 느껴지셨고 시간이 지나고 나서 어떻게 느껴지셨는지 말씀을 해주시면 좋겠습니다.

수진 엄마　　저는 제일 도움을 많이 받은 단체가 종교 단체예요. 가장 종교 단체가 저희들한테 접근을 되게 많이 했었고, 지금도 지금 저는 대전에서 그 성당에 계신 분들이 가끔 찾아오세요. 나이 드신 분들이랑 해서 그분들한테도 도움을 많이 받았고, 거의 교회[에서도] 많이 받았고[요]. 시민 단체는 우리가 어떤 힘을 모아야 될 때, 그때 분향소에서 차를 대절해서 같이 간다거나 광화문에서 모인다거

124
·
수진 엄마 김인숙

나 할 때 많은 사람들이 우리를 지지하고 힘을 보태줄지 몰랐어요. 그때 '시민 단체들이 많구나, 그리고 그분들의 힘이 크구나' 그걸 그때 알았어요.

면담자　　　박주민 변호사하고 황필규 변호사도 아시는지요? (수진 엄마 : 들어는 봤어요) 두 변호사가 매일 분향소로 출근하면서 활동을 하셨잖아요. 박주민 변호사는 국회에서 얼굴 새카매져 가지고 같이 농성을 했던 걸 보셨을 텐데, (수진 엄마 : 네(웃음)) 어떠셨어요?

수진 엄마　　　글쎄 그분은 '여기에 목숨을 걸었구나, 진짜로' [하고 생각했죠]. 그때는 이름 있거나 그런 분이 아니셨어요. 그분 처음에는 그때는 변호산지도 몰랐어요, 우리(웃음). 조금 생긴 것도 변호사 같이 안 생겼잖아요(웃음). 근데 되게 친하게 말도 하고, 아빠들하고 그렇게 친하고, 저는 워낙 숫기가 없어서 누구한테 다가가서 얘기하거나 그러진 않았는데, 엄마들도 말 잘하는 엄마들은 농담도 하고 그러더라고요. 그래서 '우리를 굉장히 적극적으로 도와주시는 분이다' 그런 분으로만 알았는데 나중에 보니깐 그분이 변호사시더라고요.

면담자　　　한국의 인권 변호계에서는 유명하신 분이시죠. (수진 엄마 : 그렇군요) 어쨌든 민주당 공천을 받아서 국회의원이 됐잖아요? 그 현상에 대해서는 어떻게 보셨어요?

수진 엄마　　　'우리의 힘이 크구나' (웃으며) '세월호의 힘이 굉장히 크구나' [생각했죠]. 그리고 우리들이 힘이 없잖아요. 그래서 우리들을 힘을, 우리들의 목소리를 내줄 사람이 누군가가 필요한데, 변호사로 계시다가 국회의원이 돼서 저희들한테는 굉장히 힘이 됐죠. 그분한테 올인했어야 되는 상황이잖아요. 그리고 그분도 처음부터 저희들하고 같이 행동했기 때문에, 국가에 대한 거 안 됐던 부분 그런 것도 잘 아시기 때문에, 우리 목소리를 가장 적절하게 대변해 주실 분이라고 생각해서 너무 좋았죠, 정말.

면담자　사회적참사법도 박주민 변호사가 중심이 돼서 법안을 만들고, 국회 통과 시키는 성과가 있긴 했죠. 아쉬움 같은 건 없으셨나요?

수진 엄마　(한숨을 내쉬며) 별로 관심이 없었는데, 제가.

면담자　유가족들의 생각과 시민 단체의 생각이 사안에 따라서는 다를 수도 있는데, 그런 부분에 대한 우려는 없으셨는지요?

수진 엄마　맞아요. 그러니깐 저도 생각한 게, 저희 사실 가족들을 대표해서, 누구나가 다 그렇게 판단했지만 안산은 굉장히 열악하고 교육열도 낮고, 통계 보니깐 뭐라고 해야 되나, 생활 정도라든가 부모의 어떤 정보 그런 것도 다 노출이 됐더라고요. 그런데 우리 안산 유가족들이 다른 데서 봤을 때는 그다지 내세울 만한 사람들이 별로 없는 거라고, 없는 사람들이라고 그렇게 저도 생각하고 언론에서도 그렇게 얘기를 했었어요, "빈곤하고 다 맞벌이고 그런 상황이다"[라고]. 그래서 누군가가, 우리가 이끌어갈 순 없어요, 경험도 없고 우리가 당사자기 때문에, 그래서 누군가가 우리를 이끌어주고 리더가 필요하긴 해요.

　근데 '시민 단체가 너무 개입을 하게 되면 그 사람들의 이익을 위해서 우리를 이용할 수 있다' 그런 우려가 되더라고요. 우리가 생각하는 것을 우리가 펼쳐야 되는데, 그 사람들은 자기들의 생각을 펼치다 보면 우리하고 어긋날 수도 있잖아요. 해서 '너무 시민 단체가 강해지거나 거기 세력이 너무 크면 우리가 거기 이끌려 가지 않을까' 그래서, 우리가 정말 원하는 걸 해야 되는데, 여기서 뭘 하자고 하면 그걸 해야 되고, 저기서 뭘 했으면 좋겠다 하면 거기 맞춰야 되고, 거기에 우리가 따라가다 보면 '정말 우리가 해야 되는 그 본질을 잃어버리지 않을까' 염려가 저는 되더라고요.

면담자　　생명안전공원을 만들어가는 과정에서 안산 시민운동계에 서운함을 가지고 계신 분들이 많았어요. 어머니는 어떻게 보셨습니까?

수진 엄마　　(웃으며) 60대 이상을 계속 얘기해서 그런데, 60대 이상, 저희 기관에도 보수파가 되게 많아요. 다 70대 이상 어르신들이 이용하시는데 결사반대예요. 제가 유가족인지 모르고 그런 말씀하시는 분도 계시지만, 납골당이라고 얘기하면서 결사반대하세요. 그러니깐 그런 걸 보면 '정말 품어줘야 할 곳에서 품어주지 않는구나' [하는 생각이 들어요]. 다른 데서는, 다른 나라에서는, 미국 이런 데서는 국가적으로도 국민들이 더 염원해서 한 거고 하는데, 우리는 이 안산에서 그 어린 자식들이 그렇게 됐는데 여기다가 아이들이 뛰놀던 곳에다가 만든다고 하는데 그렇게 반대하는 걸 보니깐 정말 70대 이상은 정말 싫더라고요(웃음).

　　근데 싫다고만 생각할 일이 아니에요, 이것도. 저희 유가족이니간 저는 아주 주관적으로만 저희 아이들만 생각하잖아요. 그런데 객관적으로 봤을 때는, 그분들이 생각했을 때는 아이들이 온다고 하면 거기가 일단 묘지가 되는 거잖아요. 그리고 안산의 가장 중심부가 화랑유원지, 지금은 그 상태인데 그 상태 거기에다가 묘지를 세운다고 하는 것은 연세 드신 분들은 용납할 수가 없어요. 묘지가 일단 있는다는 것은 영혼이 있거나 안 좋은 기운이 있거나 그런 게 뇌에 박힌 사람들이잖아요. 그래서 아마 싫어할 거란 말이에요. 근데 그것을, 그것도 타협을 해서 잘 풀어가야 하는 상황이에요.

작년에 우리가 정치적으로 굉장히 모 당에서 그걸 아주 자기 공약으로 내걸어 가지고 그래서 된 사람들, 모 당 엄청 많아요. 그것 때문에 저희 기관에 와서도 "그거 안 하겠다" 그래서 밀어준 사람 많거든요(침묵). 중립은 참 어려운 거 같아요, 중립을 해야 된다는 게. 그분들을, 우리가 너무 시에 가서 강경하게 나가는 게 지금 언론에 우리 신문에, 우리 지역 신문에 강경하게 나가는 게 보이면 당연히 그걸 보는 안산 시민들은 거부감을 나타내거든요. 그래서 이 언론의 역할도 굉장히 크고, 가장 큰 게 언론의 역할인 것 같아요. 지역 신문에서 어떻게 내느냐에 따라서 그게 같이 융화가 될 수 있고, 좋은 방향을 찾아갈 수 있는데, 지금 그렇지 않아서 안타깝기도 하고…. 그래도 지금은 시장님이 하겠다고 해서 지금은 조금 잠잠해진 것 같아요, 지금은.

작년 선거하기 전에는 엄청났어요, 아주 엄청났어요. 그런데 지금은 조금 시간이 지나니까 수그러들었다는, 그게 생각의 차이다 보니까. 그래도 저는 '우리 수진이가 거기를 갔고 했기 때문에 그곳에 했으면 좋겠다'는 생각이 들어요. 그리고 무서운 것 아니고 귀신 있는 거 아니니깐 조금 생각이 바뀌었으면 좋지 않을까, 그렇습니다.

면담자   박근혜 탄핵으로 이어진 촛불시위 이야기를 제외한 나머지 이야기는 거의 다 짚었어요. 그래서 2차 구술은 이것으로 종료를 하려고 합니다만, 지난 일들과 관련해서 하실 말씀이 더 있으신가요?

수진 엄마   (한숨을 내쉬며) 다른 게요, 우리나라는, 오랜 시간이 지나서 역사가 판단을 하겠지만, 제가 죽고 나서 분명히 우리 대한민국 역사에는 세월호 이전과 이후가 기점이 될 것 같아요. 어쩌면 세계의 역사 속에도 한 줄이라도 남길 수 있을 것 같아요. 이 세월호는 모든 것을 다 가지고 있는 게, 그게 지금 세월호로 인해서 터진 거라고 생각하거든요. 근데 그거 지금 파헤쳐지지 않았잖아요. 그러니깐 할 일은 되게 많아요, 앞으로 할 일도 많고. 근데 누가 도와줘야 돼요, 누군가 도와줘야 되는데, 그리고 (한숨을 내쉬며) 속상한 건, 4월 달이 되면 그 배가 절반 정도 뒤집어지는 그게[영상이나 사진이] 언론에 안 나왔으면 좋겠어요. 그때만 되면 정말 미치겠는 거예요. 왜냐면 그때 우리 아이들이 다 있었을 거, 살아 있었을 거 아니에요. 그때 "가만있으라"고 해서 애들이 다 가만있었을 거 아니에요. 그러니깐 그때가 제일 한스러운 거예요, 저는. 그 당시, 그 그림을 보여주지 않았으면 좋겠어요. 그리고 나서는 그 뱃머리만 선미만 나온 거 그거 보이면 그때는 '정말 우리 아이들이 정말 갔구나' 그런 생각 드니깐, 그게 안 나왔으면 좋겠어요, 그게 제일 힘들죠.

면담자　　　네, 2회차 구술은 이것으로 종료를 하도록 하겠습니다. 감사드립니다.

수진 엄마　　　네, 수고하셨습니다.

3회차

2019년 3월 25일

1
시작 인사말

면담자 　본 구술증언은 4·16 사건에 대한 참여자들의 경험과 기억을 기록으로 남김으로써 이후 진상 규명 및 역사 기술에 기여하고자 합니다. 지금부터 김인숙 씨의 증언을 시작하겠습니다. 오늘은 2019년 3월 25일이며, 장소는 안산시 단원구 교육지원청 4·16기억교실입니다. 면담자는 김익한이며, 촬영자는 강재성입니다.

2
일상을 유지할 수 있는 방법과 수진이와 만나는 방법

면담자 　3차 구술에서는 4·16 참사 이전과 이후의 어머님과 가족들의 삶, 생각 등의 변화에 대해서 여쭙는 구술이 될 것 같습니다. 제일 처음 여쭤볼 것은 어머님은 투쟁도 하시고 일상도 꾸려나가려고 노력을 하시는데, 일상을 꾸리고, 투쟁을 가능하게 했던 이유는 뭐라고 생각을 하세요?

수진 엄마 　그건 제가 엄마여서 그러지 않을까요. 엄마이기 때문에 그런 것 같아요. (면담자 : 아빠는 못 하나요?(웃음)) 아빠는 못 하고 있잖아요(웃음). 아빠는 못 하고 있고, 엄마니깐 가능한 것 같아요, 제가.

면담자 　직장 복귀하셔서 도움을 받고, 실제로 일은 별로 안 하셨다고 하셨는데, (수진 엄마 : 네(웃음)) 제가 상상하기에 매일 출근하시는 게 어머니께 큰 도움이 되지 않았을까 싶습니다.

수진 엄마   네, 그러니깐 출근하는 게 저한테는 더 살아갈 수 있는 원천이 됐던 것 같아요. 그러니깐 수진이를 잃고 나서 머리가 완전히 다 셌어요, 진도에 있을 때 그때부터 해서. 진짜 할머니처럼 그랬는데, 출근을 한다고 하니까 그래도 나가야 되니깐 염색도, 우리 교회 집사님이 데리고 가서 염색도 시키고 이런 거 저런 거 다 챙겨주고 해서 출근을 하니깐, 일단 출근을 하면 직업 윤리는 철저히 지키는 저이기 때문에 일단 용모는 단정히 해야 되고, 그런 게 기본이 잖아요. 그래서 그렇게 하다 보니깐 마음속에 힘든 게 있어도 조금은 감추고 직장생활을 하니깐 조금씩 조금씩 힘이 생기고 사람들하고도 얘기도 되고 그렇게 됐죠. 그렇지 않았으면, 집에 있었으면 아마 죽었을 수도 있어요, 울다가. 하늘만 보고 울다가 죽었을 거예요, 아마.

면담자   수진이가 살아 있을 때도 어머니가 하루 종일 수진이를 생각하고 있었던 건 아니었잖아요. (수진 엄마 : 그래요, 그렇죠) 근데 수진이를 하늘에 보내고는 수진을 생각하지 않는다는 게 미안해지는 상황이 오래 갔잖습니까? 직장으로 복귀해서 매일 출근을 하는 게 어떤 의미에서는 수진이가 살아 있을 때처럼 행동하면서 하늘로 간 수진이와 만나가는 일상의 싸이클을 만드는 시기가 아니었을까 라고 저는 해석이 되는데요. 수진이를 항상 생각하려고 하는 어머니에게는 맞지 않는 이야기일까요?

수진 엄마   아니에요, 교수님. 그게 맞는 것 같아요. 제가 지나고 보니깐 그 당시에는 모든 게 멈춰 있고 아무것도 할 수가 없는 그런 상황이었잖아요. 근데 따라갈 수가 없잖아요, 내가 죽을 수 없는 상황인데 그래도 견디고 있었잖아요. 근데 시간이 조금씩 조금씩 지나면서 '내가 너무 슬퍼하거나 울고 하면 우리 수진이가 좋아하지 않겠구나' 그런 생각이 조금씩 들더라고요. 주변에서도 많이 그런 조언을 했었죠. "그렇게 엄마가 항상 아파서 울고 있고 쓰러져 있으면 하늘에 있는 수진이가 좋아하겠느냐, 힘을 내야 된다. 먹어야 산다" 이런 말을 하도 많이 들어서 그게 제 귀에 각인이 된 거예요. 그래서 '맞아, 맞아. 내가 죽지 않으려면, 죽어서 따라가지 않으려면 살아야지. 내가 잘 사는 게 우리 수진이한테 도움이 되는 거고, 수진이가 좋아하는 거지', 스스로 제가 위로를 하면서 견딘 거죠.

면담자   국가적인, 사회적인 애도가 충분히 이루어지지 않은 것에 대한 억울함은 없으신가요?

수진 엄마   (한숨을 쉬며) 그러니깐 국가가 공식적으로 저희한테 그렇게 하진 않았어요, 공식적으로. 그런데 주변의 많은 사람들은 저희한테 애도와 슬픔의 표현, 그리고 힘내라고 많이 했잖아요. 근데 주변에선 굉장히 많이 받았는데 정작 국가[는 아니죠]. 그런데 그 국가라는 게 누가 우리한테 그걸 해야 되는지 지금 실체가 없잖아요. 어떤; 누구한테 받아야 될지 지금 몰라요. 그 실체를 빨리 우리가 꺼내야 돼요, 그 실체를, 누군가를 지금. 근데 지금 꺼낼 수가 없잖아요. 누구인지 지금 할 수가 없게 돼 있잖아요, 모든 게 다. 그래서 그게 답답하고 그래서 빨리 진상 규명이 돼야 된다고 생각해요.

면담자　　국가나 사회의 공식적인 애도를 위해서는 진상 규명이 되어야 한다는 말씀이신 것 같은데요. (수진 엄마 : 네) 그런 애도가 진행이 되면 좋을 텐데 그건 안 되고 있고 다행인 건 시민들은 애도를 해주었다는 거군요. 다음으로 수진이하고 만나는 방법에 대해서 여쭙고 싶어요.

수진 엄마　　(한숨) 그러게요…. 먼 훗날에 제가 정말 우리 아이를 보냈다고 생각하면, 평범하게 영화에 나오듯이 그냥 옆에 있는 것처럼 '뭐 이랬어, 이랬어' 이렇게 얘기하겠지만, 지금은 보냈다고 생각하고 싶지가 않아요, 아직도 정말. 그리고 보낼 수가 없어요, 지금은. 진짜 아이가 정말 갔다고 생각하고 싶지가 않아요. 현실은 갔는데 그걸 거부하고 싶죠. 정말 우리 수진이가 갔다는 걸 정말 인정하고 싶지 않고 그렇죠, 지금은 그래요. 그런데 야속하게도 해가 가고 4월 달이 오면 장례를[기일의 예식을] 치러야 되니깐 그것도 싫고, 일 년 365일이 없고 똑같이 겨울만 있는 나라를 살고 싶거나, 아예 여름만 있는 나라를 가서 살고 싶거나 그런 생각도 해본 적 있어요. '어딜, 그런 데 가서 살면 좋겠다' 안 되겠지만, 잠시 그런 생각할 때가 있어요. 이렇게 [봄이] 돌아오는 게 힘드니까요.

3

참사 이후 후회되는 일과 위안이 됐던 일

면담자   쭉 지내오시면서 어머니 자신에게 후회스러운 일 같은 게 있다면 뭘까요? (수진 엄마 : 수진이 있을 때?) 수진이 보내고요.

수진 엄마   수진이, 제가 수진이한테 되게 미안한 게, 아빠도 그러지만 아빠가 그때 굉장히 힘든 상태였잖아요. 근데 수진이 수학여행 갈 때 제가 돈을 3만 원밖에 못 줬어요(울음). 근데 그 지갑, 수진이 용품이 한번은 빨간색 캐리어가 한 번 오고 이렇게 가로로 메는 쌕이 한 번 왔는데, 그 쌕 안에 지갑이랑 카드랑 이어폰이랑 이런 거 들어 있는데 3만 원보다 더 많은 돈이 있더라고요. 그래서 '조금 더 줄걸, 다른 애들은 돈을 많이 줬다는데, 그날 아침에 돈을 조금 더 줄걸' 그게 진짜 미안하더라고요, '조금 더 줄걸'.

그리고 저기, 수진이 휴대폰이 고장 났다고 했잖아요, 깨져서. 언젠가? 그때도 3월 딱 이때 정도예요, 이때. 그때 왔었는데 우리 교회에 LG 그 휴대폰 만지는 우리 선생님이 있었어요, LG. 그래서 선부동에 왔는데 액정이 깨져가지고, 그때 복지관에서 우리 직원들 다 봤잖아요. 그래서 저랑 서비스센터 갔다가 돈이 너무 많이 들 것 같으니깐 "그 선생님, 용훈이 선생님한테 액정 바꿔달라고 하자" 해가지고 전화했더니, 그 선생님이 수학여행 가기 전에 16날이면 12일날인가 그날 가지고 와서 교회에서 그 액정 다 바꿔주고 했거든요. 근데 집에 밧데리[배터리] 충전하는 게 하나밖에 없었어요. 근데 그걸 수진이를 줘버리면 우리 밧데리 충전하는 게 우리가 다 없으니깐, 전 사무실 가면 하면 되는데. 그래서 사줄까 말까 하다가 그것도 주일 날 용훈이 선생님이 자기 있으니깐 회사에서 갖다 준다고 사지 말라고 한 거예요. 그래서 안 샀어요. 근데 우리 수진이가 밧데리 충전 그게 없으니깐 친구 거 빌려서 거기서 배에서 충전하고 했을 거 아니에요. '그니깐 얘가 엄마한테 전화를 더 못 했나?' 그런 것도 다 미안한 거예요, 별게 다. 아무튼 (한숨을 내쉬며) 미안한 것투성이고…. 근데 수진이가 가기 전에 그렇게도 엄마한테, 엄마한테 아예 거의 붙어서 그랬었어요, 항상 엄마 팔짱 끼고 엄마 옆에 와 있고.

그리고 생각나는 것은 수학여행 가는 날 아침에 수진이 짐 싸주는데 그날 비가 와서 아빠가 차에서 접이 우산을 꺼내가지고 거기 캐리어에 넣어주면서 "수진아 잘 갔다 와" 했는데 그때 가슴이 진짜 아팠어요. 이 현관문 여는데, 저도 빨리 출근해야 되니깐 "수진아 잘 갔다 와" 했는데 "응, 갔다 올게" 했는데 그때 가슴이 되게 아팠거든요. 근데 지금의 이 느낌이에요. 그때 수진이가 갔는데, 근데 이런 일이 있을지 몰랐죠. 우리 수진이한테 미안한 건… 몰라요(울음).

면담자   수진이 하늘로 보낸 이후에 어머니의 활동이나 삶과 관련해서 후회나 아쉬움이나 원망 같은 것이 혹시 있으셨어요?

수진 엄마   지금 제 생각으로는, 수진이를 보내고 나서 남아 있는 동생들을 전혀 돌보지 않았어요. 그래서 그 애들한테 미안한 감이 지금은 들어요. 우리 ○○이가 그때 중학교 2학년, 3학년이었나? 중학교 2학년, 3학년이었구나. 중3 중요할 때였고, 막내아들은 5학년. 근데 저 살겠다고 애들은 전혀 돌보지 않았거든요. 그러니깐 아이들

수진 엄마 김인숙

이 가장 엄마가 살펴야 할 그 시기 때 항상 우는 모습만 보여줬으니 아이들이 얼마나 상처가 깊겠어요, 표현은 안 하지만. 지금 생각하면 그게 후회스러워요. 다른 사람들이 항상 그랬어요. "남아 있는 자식을 돌봐야 된다" 그런데 저는 '남아 있는 자식은 살아 있는데, 숨을 쉬고 있는데 뭘 돌봐. 우리 간 수진이가 불쌍하지', 그래서 수진이한테 모든 걸 중점으로 생각하고 했었는데, 그 아이들을 돌보지 않은 게 지금은 후회스러워요.

면담자   아이들은 굉장히 늠름하게 잘 성장했잖아요? 그거 보시면 어떠세요?

수진 엄마   그러니깐 더 미안하죠, 엄마한테 말은 안 했을 것이고. 표현은 [안 해도], 자기들도 생각나고 하지만 엄마가 앞서서 울고 불고 하니깐, 생각도 못 할 것이고 울지도 않을 것이고, 우는 모습 한 번도 안 보였어요, 저희 ○○이도 울지 않고. 그러니깐 ○○이가 언젠가 한번 그러더라고요, 모든 사람들이 자기한테 "엄마 어떠냐"고 [묻는 게] 그게 인사라고. 그래서 지가 "나는 더 힘든데 다 '엄마 어떠냐'고, '네가 이제 엄마를 돌봐야 된다' 그런 말해서 힘들다"고 얘기했고…. △△는 워낙 걔는 믿음이 강한 아이니깐, △△는 우는 거 한 번 봤어요. 영정 사진 들고 장례 할 때, 수진이 학교를 갔을 때 수진이 교실에 갔을 때 그때 애가 엄청 울더라고요. 수진이 그때 실내화하고 몇 가지가, 담요, 무릎 담요하고 책상 위에 있는 거 그때 보고 울고 그 외에는 울지 않더라고요. 그래도 감사하죠, 아이들이.

면담자   막내가 지금 몇 살이죠?

수진 엄마   이제 고1이에요. (면담자 : 많이 어른스러워졌겠어요)
어른스럽고, 다행히도 모범적으로 모든 걸 다 잘해요, 너무 감사하
게도.

면담자   이렇게 지내오시도록 하는 데 그나마 위안이 됐던 게
있으신가요?

수진 엄마   (한숨을 내쉬며) 위안이 된 거…. 위안이 시간? 시간인
것 같아요. 어떤 사람의 말도 다 그때뿐이잖아요. 다 너무 통속적인
말이지만 "시간이 약이다, 시간이 약이다" 그런 말씀하시잖아요. 근
데 이렇게 조금씩 조금씩 제가 받아들이고 받아들여지는 게 시간
이 지나서 조금씩은 받아들이는 것 같아요. 지금 100프로라고 하
면, 1년이 지나면 2프로, 2년이 지나면 4프로 조금씩 조금씩 시간이
거, [위안] 아닌가? 모르겠어요. 그래도 시간이(한숨).

4
참사 전후 가족관, 교육관, 사회관 및 신앙관

면담자   가족에 대한 생각이 참사 이전과 이후에 바뀐 게 혹시
있으세요?

수진 엄마   (한숨을 내쉬며) 가족? 가족…. 저희는 남들도 참 부러
워했고, 특히 교회에서도 딸 둘에 아들 하나에다가 아빠에다가 엄마
에다가, 수진이한테 그랬어요 집사님들이, "야 너는 좋겠다" 그렇게
다복하고. 평범하지만 화목한 가정이었는데 갑자기 이런 일을 당하

니깐 이게 처음에는 다 놓게 되더라고요. '가족도 그냥 필요가 없고, 나 혼자 어디 가서 살아버릴까', 슬픔을 못 이기니깐, '자식도 필요 없고 남편도 필요 없고, 그냥 나 혼자 어디 가서 그냥 산속에 들어가서 애 위해서 기도하면서 그냥 이렇게 살아버릴까' 그런 생각을 혼자 있을 때는 진짜 이 생각 저 생각 되게 많이 했어요. 그런데 이것도 조금 시간이 지나니깐 가족을 제가 아우러야지, 그렇지 않으면 이 가족이 파탄 날 것 같더라고요. 그러니깐 엄마가 가정에서 가장 잘 지키고 있어야지 엄마가 흔들리면 이게 깨질 것 같아서 제가 '강하게 이렇게 붙잡아야겠다' 그렇게 생각하고 있죠.

면담자   애들 교육시키는 것과 관련해서도 참사 이전과 이후에도 변화가 있을 것 같은데 어떠셨어요?

수진 엄마   네, 수진이 진짜 공 많이 들였어요. 첫아이고 그때는 제가 전업주부고 그랬기 때문에 모든 게 수진이 위주였어요. 아빠도 그렇고 저도 그렇고 무조건 수진이 어디 데려다주고 어디 한다 그러면 데리고 가고, 수진이 위주고, 둘째는 그리고 셋째는 더 놓고[기르고] 그랬었거든요. 근데 그랬던 모든 게, 수진이 중심이었던 우리 가족이 수진이가 이렇게 돼버리니깐 '공부도 필요 없어' [하게 됐죠]. 필요가 없는 거예요. 그냥 숨 쉬고 있는 거 그것만도 감사한 거예요. 그래서 지금도 얘기해요. "공부도 필요 없다. 너 하고 싶은 거 해, 뭐든지 해" 이렇게 되더라고요. 공부고, 남들은 뭐 시키네, 뭐 시키네 해도 저는 그런 거 신경 안 써요. "아니야, 평범하게 그냥 살면 돼. 너 편하게 살면 돼", 욕심이 없어지고 다 내려놓게 되더라고요.

면담자   아이들에게 잔소리 같은 거는 거의 없으시겠네요.

수진 엄마   잔소리 절대 안 해요. 저는 잔소리는 딱 하는 게 "먹어야 된다"는 거, 잔소리. 왜냐면 '내 몸은 내가 지켜야 돼'[라고 생각하기 때문에] 그래서 먹어야 된다는 [잔소리해요]. 전혀 저는, 저희 둘째가 춤을 춰서 예대를 갔거든요, 근데 개가 안 먹어서 그것 때문에 제가 혼내는 것 외에는 공부하란 소리 하나도 안 하고, 우리 아들한테도 △△한테도 공부하란 소리 절대 안 해요. "몇 등 했어" 그 말도 안 해요, 전혀. 그냥 편하게 있으라고만(웃음). 그런데 너무 잘 해주고 있어요, 아이들이 칭찬받을 정도로 학교에서도. (면담자 : 왜 안 하세요?) (한숨을 내쉬며) 수진이 가고 나니깐 살아 있는 것만으로도 감사하더라고요. 아등바등 그렇게 살 필요 없더라고요. 사는 것만으로도 감사해요, 살아 있는 것만으로도. 다른 것 필요 없어요, 지금은 "뭘 하든 네가 그냥 살아 있는 것만으로도 엄마는 감사해" 이렇게 돼. 욕심이 없어져요, 자식에 대한 욕심이.

면담자   수진이를 잃기 전에 세상을 바라보는 눈하고 현재하고는 많이 변했을 것 같은데 그 얘기도 간단하게 말씀을 해주시죠.

수진 엄마   저도 제가 이길여 여사를 좋아해요, 그분을. 그래서 수진이를 가천의대로 보내려고 생각을 했었어요, 실질적으로 수진이 꿈이 의사였고. 그 일대기, 그 10대, 20대 그거 보면[서] "수진이, 의사가 돼서 이러이러한 행동을 하겠다" 그걸 써놓은 게 있어요. 그래서 의사를 시키려고 해서 수진이가 이과를 갔었고요. 근데 얘가 환공포증이 있었더라고요. 그래서 생물 이렇게 보면 세포가 동글동

글하게 있는 그걸 보고 얘가 두드러기처럼 이런 거예요. 알고 봤더니 환공포증이 있어 가지고 동그란 거 이거 못 보겠다고 그래서 지금도 그 책이 있는데, 그 부분을 포스트잇으로 붙여놨더라고요. 봤더니 동글동글한 게 모여 있는 거 그걸 못 봐요, 못 본 거예요, 애가. 그래서 지는 의사가 되기 싫다고 그러더라고요.

근데 저는 아무래도 의사를 시키고 싶어서 열을, 공을 들였죠. 근데 그러고 공을 들이다가 이런 일이 일어나니깐 지금은 "뭘 시키겠다, 뭘 시키겠다" 하는 엄마들 보면 부럽기도 하고 안타깝기도 하고 그런 마음이 들어요. '아이들 그냥 살아서 그냥 자기 하고 싶은 대로 행복하면 되는데 왜 부모 마음대로 저걸 사육시키려고 할까, 아이들의 인생은 아무것도 없어' [하는 생각을 하게 된 거죠]. 교육, 물론 우리 일생이 80, 100까지라고 하면 물론 이 사회생활을 하기 전에는 합당한 교육을 받아야 돼요. 그리고 나서 그 사회에서 받은 교육을 바탕으로 우리가 남은 인생을 살아가잖아요. 근데 저는, 우리 아이는 받는 도중에 인생을 마감을 했잖아요. 그러니깐 그게 다 부질없다고 생각이 들더라고요. 그 엄마들 보고 TV에서도 '스카이캐슬' 이런 거 보면 '저게 부질없는 건데 왜 저렇게 아웅다웅할까' 안타깝기도 하고, 지금은 모든 게 놓은 상태예요.

면담자   신앙생활도 많이 바뀌셨을 것 같은데요. (수진 엄마 : (웃으며) 네) 주로 어떻게 바뀌셨어요?

수진 엄마   (한숨을 내쉬며) 신앙생활이, 그때는 진짜 가정, "우리가 가정예배를 드리자" 해서 가정예배를 한참 드리고 그러던 시절이 있었는데, 계속 안 드렸잖아요. 그리고 하나님의 전지전능함을 부인하게 됐죠. '정말 그랬다면, 배가 그러기 전에 어디 섬에라도 우리 아이는 가 있어야 되지 않은 건가? 그렇게 믿음이 좋고 저 엄마, 아빠도 그렇게 기도하고 했는데 그렇다면 [살아서] 어디 가[있어]야 되지 않았나?' 그랬는데 그게 완전히 아주 깨진 거죠. '하나님은 정말 없다' 그렇게 생각을 한 4년 정도 하게 됐어요. 근데 아이 때문에 가 있는 거죠, 그냥. 그러니깐 정말 제 믿음에 의해서 가는 게 아니라 습관적으로, 주일날이면 갔으니깐 그렇게 기복신앙이 된 거죠. 가서 시간 되면 시간 때우고 "나 예배드렸어" [하는 거죠], 하나님과 소통은 하나도 하지 않고. 그렇게 되다가 올해 들어서 조금씩 정신이 들게 되고, '영적으로 내가 손해를 보면 안 되겠구나' [싶더라고요]. 지금 4년간은 제가 세월도 헛되게 보냈고, 제가 살기 위해서요, 영적으로도 손해를 봐, 영적으로 완전히 마이너스였어요.

그래서 지금은 제가 그래도 약간의 뿌리는 있으니깐, 그 뿌리가 지금 흔들려서 자리를 못 잡고 있는 상태인데 '그래도 그 뿌리가 있으면 뿌리 하나라도 올바로 내려야겠다' 그렇게 다짐을 하고 지금은 제가 '스스로 하나님을 만나야겠다'는, 일단 제가 살아야 되니까요, 그런 마음으로 예배 준비도 하고, 그리고 우리 △△랑 같이 둘이 집에서 말씀 포럼도 하고, 예배도 드리고 그렇게 살려고.

면담자   최근 얘기시네요. (수진 엄마 : 네, 지금) 언제부터 그렇게 하시기 시작하셨어요? (수진 엄마 : 한 2월, 1월) 그럼 한두 달 되신 거네요?

수진 엄마   예, 송구영신 예배드리고 나서…. 송구영신 예배드릴 때 1년의 기도 제목을 내잖아요. 근데 저는 거창하게 안 냈어요, 예배 성공[이라고 냈어요]. 왜냐면 제가 예배 말씀을 들어야지 제가 살잖아요. 그래도 믿음이 있는 사람인데 말씀을 들어야 제가 살잖아요. '영적인 양식을 먹어야지', 그래서 '살아야겠다' 그런 생각을 하고 있습니다.

5
살아야 할 이유와 남편과 관계

면담자   김인숙이라는 한 인간으로서 살아야겠다고 생각하는 이유나 의미 같은 게 있을까요?

수진 엄마   (한숨을 내쉬며) 네. 제가 서점에 가서 책을 일주일에 한 번씩, 1시간에서 1시간 반 정도 읽는데, 그 책을, 제가 자존감도 바닥이었고 살아야 할 이유도 모르겠고 힘들 때 그런 도움이 되는 책을 조금씩 조금씩 읽었어요. 그래서 터득한 게 '한 번뿐인 인생'이더라고요. 제가 읽는 책마다 "한 번뿐인 인생을 어떻게 살아가느냐"[에 대해 나와 있는데] 사람마다 다 방법이 다르더라고요, 작가들마다 다. 그래서 결론은 '한 번뿐인 인생 네가 살아야지 남이 대신 살아주지 않는다, 네 인생은 네가 이끌어야 된다'[였어요]. 그래서 '아, 나는 수진이 엄마이지만 김인숙이구나. 나로 내가 살아야지. 그러면서 내 수진이도 빛을 보게 하고 내 자식들도 빛을 보게 하고 해야겠구나',

그렇게 힘을 얻게 되고 제 자신을 사랑하고 제 영혼도 이렇게 뒤돌아보게 되고 그렇죠.

면담자   부부관계가 변했다든지 그런 것도 있습니까?

수진 엄마   (한숨을 내쉬며) 남편은 거의 별로 말을 안 해요. 수진이 아빠는 별로 말을 잘 안 해요. 그런데 다른 사람들 만나면 엄청 말 잘 해요(웃음). 그런데 요즘은 거의 일상적인 얘기를, 그때는 저는 "사단법인에 우리는 같이 가야 된다" 그런 쪽, 남편은 그렇지 않은 쪽. 그래서 조금 대립이 있었는데 그걸 가정생활에서 대립으로 해서 살 순 없잖아요. 근데 저희는 싸우거나 별로 그러진 않고 서로 존중하면서 그렇게 살고, 지금도 물론 그러는데, 지금은 조금 제가 남편도 애틋한 마음으로 보게 됐어요. 그 전에는 '무조건 남편이 그냥 다 해줘야 돼' [그렇게 생각했어요], 제가 죽겠으니깐. 남편이 방도 닦아줘야 되고 빨래도 널어줘야 되고, 저는 빨래를 널다가도 힘들면 눕고, 빨래를 갠다고 해놓다가도 누워버리고. 워낙에 힘이 없으니깐, 그래서 남편이 다 하고 그랬었거든요. 그런데 지금 올해 들어서는 남편이 측은하더라고요, 불쌍하고. 어디에 슬픔 표출도 못 하고 그래서 지금은 조금이더라도 제가 위로의 말을 "여보, 수고해", "수고했어", "자기야, 수고해" 이렇게 조금 챙겨주는 것 같아요, 서로 말로써.

면담자   수진 아빠도 평생 해보지 않던 장사, (수진 엄마 : 그러니까요) 당구장 하는 것도 장사거든요. 사람을 대상으로 하는 일을 힘들어할 수도 있는데, 그래도 잘 지내시는 것 같아요.

수진 엄마　　네, 그래도 뭐 잘 하는 것 같아요. 단골손님들도 생기고 하다 보니깐, 잘 하는 것 같아요. (면담자 : 은행원이었던 사람이 당구장 경영하기가 쉽지 않거든요) 아무래도 그렇죠. 지금도 얼마나 꼼꼼한지 몰라요. 그 (웃으며) 수첩을 가지고 다니면서, 숫자에 민감해서 하루에 전기 몇 리터 썼는가, 수도가 얼마 썼는가 날마다 기록 다 해요, 수첩에다가. 아주 꼼꼼해요. 아주 저하곤 안 맞아요(웃음).

면담자　　서로 위안되는 얘기를 하기 시작했다고 하셨는데, 그렇게 변화하게 된 어떤 힘이나 이유, 계기 같은 게 있다고 보시는지요?

수진 엄마　　(한숨을 내쉬며) 그런 게 아마 자식인 것, 자식인 것 같아요. 물론 수진이를 그렇게 보내고 나서 둘 다 굉장히 방황하고 힘들었지만 그래도 자식이 있기 때문에, 그 자식한텐 부모잖아요. 그래서 그 자식 때문에 일어서야 되고 힘을 내야 되고 그러니깐, 자식인 것 같아요, 부모니까요.

6
앞으로 인생에서 하고 싶은 것

면담자　　미래의 삶, 아까 김인숙으로서의 삶 이야기했는데, 꼭 하고 싶은 게 있다면 그게 뭘까요?

수진 엄마　　저는 청소년들 되게 좋아하거든요, 교회에서도 대학

청년부들하고 되게 잘 어울리고, 인기도 많고, (웃으며) 아이들한테. 지금도 복지관에서 우리 공익 선생님들이 다 스물한두 살 그런 친구들인데 제가 제일 친해요, 가장 공감도 많이 하고 농담도 많이 하고 격려도 많이 해주고. 그래서 저는 사실 청소년 그 센터 그런 데서 일하고 싶었어요, 노인 복지가 아니라. 근데 청소년 자격증이 있어야 하는데 청소년 지도사 자격증이 없어요. 그걸 땄으면 청소년들하고 계속 소통하면서 내 자식들처럼 그렇게 했으면 잘 했을 텐데, 그래서 한번 지금은, 맡은 회계 일 제가 정년까지 한다고 했는데 (웃으며) 근데 한다면 작은 공간이라든가, 아이들이 와서 쉽게 와서 놀 수도 있고 그런 공간 하나 제가 했으면 하고…. 그리고 제가 꿈이 게스트 하우스를 해보고 싶어요. 그래서 게스트 하우스 해서 많은 사람들하고 얘기도 조금 하고….

제가 누구 오면 대접해 주고 하는 걸 좋아해요. 음식은 맛은 없을지언정 누구 와서 온다고 하면 되게 정성스럽게 제가 만들거든요. 그래서 주고 얘기하고 하는데, 그런 거, 작게 욕심 안 부리고 작게 해서 사람들과 소통 계속하고 싶고 그래요. 나중에는 그런 거 해보고 싶어요, 돈 많이 안 벌어도 되는.

면담자　　　나중까지 갈 거 뭐 있어요. (수진 엄마 : (웃음)) 앞의 부분도 자격증을 따시면 될 것 같고, 두 번째 꿈도 가족들과 결을 맞춰서 잘 하시기를 기도하겠습니다. (수진 엄마 : 감사합니다) 두 가지 질문 남았는데요. 진상 규명이 끝나고, 생명안전공원 일도 무사히 완료가 되면 어머니가 제일 하고 싶은 게 뭘까요?

수진 엄마   (한숨을 내쉬며) 그렇게 되[어도], 그래도 울 것 같은데
요(웃음). 그래도 수진이 있는 곳에 가서 울 것 같아요. 뭐 다른 거
할 게 없을 것 같아, 그냥.

면담자   저는 마음을 다 해서 눈물을 흘리는 인간의 행위가 그
렇게 불행한 건가 하는 생각이 요즘엔 들더라고요.

수진 엄마   (한숨을 내쉬며) 그러게요. (면담자 : 근데 울면 힘드시
죠?) 기가 다 빠져요, 그러면 정말 이렇게 되면 며칠은 앓아요. 그래
서 이런 거 안 하고 싶고 그래요. 진짜 기가 다 빠지고, 그리고 그래
서 한다고 하면 안 하고 싶다고 하는 거예요, 그냥.

7
수진이를 떠올리면 드는 생각과 도움이 된 사람들

면담자   마지막 질문이 힘든 질문인데, 수진이를 지금 떠올리
시면 어떤 생각이 드세요?

수진 엄마   수진[이], (눈물을 훔치며) 너무 아깝고 그렇죠. 너무 아
깝고 미안하고, 그렇죠(울음).

면담자   젊은 나이에 간 것이 아깝고 어머니로서 미안하단 말
씀이시죠?

수진 엄마   미안하죠, 엄만 이렇게 살아서 있는데(울음). 미안하
고 한참 집이 어려울 때 그렇게 돼서…. 수진이는 또 생각나는 게요,

수진이 중학교 2학년 땐가 어떤 친구가 그 길, 학원 갔다가 자전거 타고 집에 가는 길에 렉카찬가 뭔가 이렇게 우회전하다가 사고 나서, 거기서 사고를 당해서 먼저 하늘나라 갔거든요. 근데 수진이가, 그때 제가 단원중학교 운영위원회고 하니깐 저희가 회의를 한다고 했을 때 회의를 못 하고 그때 "장례식장을 가야 된다" [하는] 그런 상황이 있었는데, 그때 수진이 반인가 그랬었는데, 수진이가 그 애가 불쌍하다고…. 걔가 왕따였대요. "그랬는데 그렇게 돼서 너무 불쌍하다" 그래서, 그때도 "그러게 말이다" 하고 그때 저도 엄마였으니깐 조금 울었죠. 그러고 나서 수진이가 고1 땐가 학교를 갔다 오더니 그러더라고요. "엄마, 그 애 알지? 그 애", "어, 어" 그랬더니 그 애 엄마, 아빠가 가게를 했나 봐요. "근데 엄마 그 애 있잖아. 그 애 엄마, 아빠 가게 하는데, 오는데 엄마, 아빠 아무렇지도 않게 일하더라" 그런 얘기를 하더라고요. 그래서 "아니, 그 애가 죽었는데 엄마, 아빠 아무렇지도 않나 봐" 그런 얘기를 하더라고요.

　그래서 "아니야, 수진아. 그렇지 않을 거야. 엄마는 진짜 너네들 없다고 생각하면…" 그러면서 제가 또 그때 막 울었거든요. 수진이가 그 애길 하고 조금 후에 이 일이 일어나서, 제가 그때 우리 어떤 작가 선생님한테도 제가 이 애길 했거든요. 그러니깐 그게 생각이 지금 나요, 가끔. 수진이가 봤을 때 그 부모는 자식을 잃었는데 아무렇지도 않게 했다고, 그 애는 이상하게 엄마한테 얘길 했어요. 근데 제가 그렇잖아요, 제 상황이 그렇잖아요. 우리 수진이가 봤으면 '엄마는 나 없는데 아무렇지도 않게 저렇게 생활을 하네' 그렇게 할까 봐서 가끔은 제가 미안한 마음이 들고…. 근데 수진이 너무 아깝고 미안하고, 그게 제일 수진이 생각하면 미안한 거, 그냥 미안해, 모든 게 미안하고 아깝고…. 우리 수진이, 그래요, 미안하고.

면담자   올해 들어서 수진이를 잃은 이후의 일상들을 새로 만들어가는 과정에는 지금껏 말씀해 주셨듯이 많은 사람들의 도움이 있었을 거예요. 그래서 마지막에는 떠오르는 사람 모두에게 수진 어머니가 한 말씀을 남기는 것으로 구술증언을 마무리했으면 합니다.

수진 엄마   우리 복지관에 나이가 어린 친구들이 있는데, 우리 이슬이, 제가 딸이라고 해요. 우리 이슬이는 지금도 매일 저한테 찾아와 주고, 그런데 우리 이슬이, 민지, 은혜 그리고 새로 들어온 친구들, 항상 저 잘 따라주고 제가 투정 이렇게 해도 다 받아주고, 엄마라고 해주고 그래서 그 애들이, 물론 진짜 엄만 아닌데 그래도 엄마처럼 잘 따라주고…. 우리 복지관 감사할 사람이 너무 많아요, 제 주변에는. 우리 가족들, 교회 사람들, 우리 복지관 직원들, 우리 복지관에 관계된 어머님들, 어르신들, 이웃들, 저는 복을 참 많이 받은 것 같아요, 다른 사람들에 비해서. '그래서 제가 더 조금 강하게 일어설 수 있고, 나쁜 생각하지 않고 바른 생각으로 이렇게 바로 설 수 있지 않았나' [싶어요]. 정말 진짜 많은 사람들 도움 많이 받았어요, 진도에 있을 때부터. 이름 나열하면 천 명도 넘을 거예요, 아마(웃음). 진짜로.

면담자   너무나 긴 시간 차분히 얘기 잘 해주셨고, 깊은 내용 말씀해 주셨어요.

수진 엄마   저 말도 못해요. 말도 못하고 제가 남들처럼 활동을 많이 한 것도 아니고, 그냥 잘 알지도 못하고 그래요, 지금. 부끄러워요.

면담자　　　전혀 그렇지 않습니다, 긴 시간 너무 감사드리고요. 저희가 어머니 마음을 책으로 잘 만들어서 세상 사람들이 공유할 수 있도록 정성을 들여 한번 해보겠습니다.

수진 엄마　　　맞아요. 그리고 수진이 『약전』[『416단원고약전』]쓸 때 이성숙 작가님 지금도 연락하고 만나고 그러거든요. 그분은 아직도 카톡에 우리 수진이 사진 그대로 있어요. 그리고 우리 수진이 생일 때 시 써준 박은정 시인님도 계시거든요. 어쩌면 우리 수진이 그 마음을 그대로 표현했는지 몰라요. 딱 그 수진이 그 마음을 엄마한테 얘기하는 줄 알았어요, 그때. 그분들도 감사하고, 감사한 사람 너무 많아요, 진짜.

면담자　　　그랬군요.

수진 엄마　　　감사합니다. 교수님 제가 좋아하는 시 있는데 시 한 편 들려드릴까요. (면담자 : 네) 저쪽 보세요.

면담자　　　왜요. 시를 읊는 사람을 봐야지요(웃음).

수진 엄마　　　"우화의 강" 마종기.

　　사람이 사람을 만나 서로 좋아하면
　　두 사람 사이에 서로 물길이 튼다
　　한쪽이 슬퍼지면 친구도 가슴이 메이고
　　기뻐서 출렁거리면 그 물살은 밝게 빛나서

수진 엄마 김인숙

친구의 웃음소리가 강물의 이 끝에서도 들린다

처음 열린 물길은 짧고 어색해서
서로 물을 보내고 자주 섞어야겠지만
한세상 유장한 정성의 물길이 흔할 수야 없겠지
넘치지도 마르지도 않는 수려한 강물이 흔할 수야 없겠지

긴 말 전하지 않아도 미리 물살로 알아듣고
몇 해쯤 만나지 못해도 밤잠이 어렵지 않은 강
아무려면 큰 강이 아무 의미도 없이 흐르고 있으랴
세상에서 사람을 만나 서로 좋아하는 것이
죽고 사는 일처럼 쉽고 가벼울 수 있으랴

큰 강의 시작과 끝은 어차피 알 수 없는 일이지만
물길을 항상 맑게 고집하는 사람을 만나고 싶다
내 혼이 잠잘 때 그대가 나를 지켜보아 주고
그대를 생각할 때면 언제나 싱싱한 강물이 보이는
시원하고 고운 사람을 친하고 싶다

수진 엄마   끝! 너무 좋죠?

면담자   멋지네요. 그게 언제 외운 시예요?

수진 엄마   오늘이요(웃음). (면담자 : 설마요) 오늘 외웠어요. 근데
이 시가 참 좋더라고요. 그러니깐, "사람이 사람을 만나서" 그러니깐
저도 어떤 생각을 했냐면, 이 인생은 강물인데 이렇게 흐르다가 제
가 웅덩이에 푹 빠졌어요. 그래서 고여 있는 상태가 됐잖아요. 근데

저를 누군가가 물길을 터주지 않았으면 아마 저는 썩어서 죽었을 텐데 많은 사람들이 저를 도와줬어요. 그래서 구멍을 하나 둘 물길을 터서 그래서 제가 다시 그 인생의 강물에 흐르게 됐어요. 그런 생각을 제가 하게 되거든요. 그래서 많은 사람들이 저를 이렇게 이끌어주고 인생의 강물로 흐를 수 있게 해줬어요. 그래서 제가 이렇게 살아 있는 거예요(웃음). 교수님 만난 것도 너무 감사하고, 그리고 부족하고 말도 못하고 아는 것도 없는 저한테 이렇게 용기를 주시고, 또 해주셔서 부끄럽기도 하고 감사하고 그래요(웃음). 네.

면담자 별말씀을요. 구술 마지막에 시까지, 너무너무 감동입니다. 그럼 이것으로 수진 어머님의 구술증언을 마치도록 하겠습니다.

수진 엄마 김인숙

4·16구술증언록 단원고 2학년 9반 제7권

그날을 말하다 수진 엄마 김인숙

ⓒ 4·16기억저장소, 2020

기획 편집 4·16기억저장소 ┆ **지원 협조** (사)4·16세월호참사가족협의회
펴낸이 김종수 ┆ **펴낸곳** 한울엠플러스(주)
초판 1쇄 인쇄 2020년 4월 1일 ┆ **초판 1쇄 발행** 2020년 4월 16일
주소 10881 경기도 파주시 광인사길 153 한울시소빌딩 3층
전화 031-955-0655 ┆ **팩스** 031-955-0656 ┆ **홈페이지** www.hanulmplus.kr
등록번호 제406-2015-000143호

Printed in Korea.
ISBN 978-89-460-6783-7 04300
      978-89-460-6801-8 (세트)
* 책값은 겉표지에 표시되어 있습니다.